182425

Ce bien n'est plus la propriété du C.R.S.B.P. du Bas-St-Laurent inc.

D0298936

182425

La création

d'un criminel

Diffusion

Pour tous les pays

Les Éditions du Vermillon
305, rue Saint-Patrick, Ottawa (Ontario)
Canada KIN 5K4
Tél. : (613) 230-4032

Distributeur au Canada

Québec Livres
4435, boulevard des Grandes Prairies
Saint-Léonard, Montréal (Québec)
Canada HIR 3N4
Tél. : (514) 327-6900

ISBN 0-919925-57-X
COPYRIGHT @ Les Éditions du Vermillon, 1991
Dépôt légal : premier trimestre 1991
Bibliothèque nationale du Canada

Tous droits réservés. La reproduction de ce livre en totalité ou en partie, par quelque procédé que ce soit, tant électronique que mécanique et en particulier par photocopie et par microfilm, est interdite sans l'autorisation préalable écrite de l'éditeur.

Collection «Visages», n° 3

ANDRÉ LAFLAMME

LA CRÉATION D'UN CRIMINEL

RÉCIT AUTOBIOGRAPHIQUE

Ce bien n'est plus la propriété du C.R.S.B.P. du Bas-St-Laurent inc.

JM Les Éditions du Vermillon

182425

Collection
Visages

1. Claude Châtillon, **Carnets de guerre. Ottawa-Casa Berardi. 1941-1944,** 1987, 168 pages.

2. Paul Gay, **Séraphin Marion. La vie et l'œuvre,** 1991, 256 pages.

3. André Laflamme, **La Création d'un criminel. Récit,** 1991, 248 pages.

182425

Avant-propos

Depuis que le monde existe, les mêmes erreurs se répètent. J'ai voulu faire revivre mon histoire telle que je l'ai vécue, pour essayer d'empêcher qu'un autre enfant souffre autant que j'ai souffert. Ce livre n'est pas un roman; c'est une page de ma vie. Un billet aller-retour pour l'enfer.

Les personnages décrits sont authentiques. Pour être plus complet, l'auteur a emprunté certains faits à des personnes qui, elles, ne figurent pas dans ce récit. Dans le but de protéger des innocents, les noms ont été changés.

Différents facteurs peuvent conduire à la criminalité : le mensonge, la manipulation, la pauvreté, la boisson, la drogue, le besoin d'attention, le besoin de se valoriser, l'amour, la jalousie, la vengeance, l'amitié mal placée, l'inaction, l'avarice, l'ambition, l'hypocrisie, la violence familiale, les foyers brisés.

Y a-t-il une réponse aux angoisses, aux souffrances du monde, pour éviter que se perpétue l'enchaînement du malheur?

Un petit garçon marchera
sur les pas de son père.
Nous, les enfants d'hier,
que pouvons-nous faire
pour les enfants de demain ?

Introduction

JE suis assis au cinquième étage, dans la section de la maternité de l'hôpital du Sacré-Cœur de Hull.

Je suis songeur ; j'entends les commentaires des parents et amis des nouveau-nés : «Comme ils sont beaux : regarde la petite fille, elle a de beaux yeux bleus». Un autre dira : «Regarde le petit garçon, il a de jolis petits yeux bruns et de mignons cheveux blonds : ce sont de vrais petits anges».

Avons-nous déjà pensé à ce que l'avenir réservait à ces petits enfants? Se pourrait-il, qu'un jour, ils deviennent de petits démons, plus tard des criminels et peut-être des meurtriers... Mais non! Le seul fait d'y penser nous effraie. Pourtant, la réalité brutale de la vie est là car, voyez-vous, le gentil petit bébé blond aux yeux bruns que j'étais faisait son entrée à l'école de réforme à l'âge de douze ans. J'en frissonne encore aujourd'hui. À douze ans, étais-je conscient de la portée de mes actes et de leurs conséquences? Non. Mais quelqu'un avait décidé que l'école de réforme, c'était ma place, que j'étais un délinquant.

On commençait déjà à créer le monstre que j'allais devenir. J'ai vite appris, une fois à l'école, puis à l'école de réforme, et plus tard en milieu carcéral, que si je recevais un coup de pied au cul, je devais rendre la pareille si je voulais éviter de devenir un bouc émissaire, que le plus fort est roi, et le plus faible esclave du plus fort.

Boulet et chaîne

Ce dispositif a été utilisé pendant tout le dix-neuvième siècle pour retenir les détenus qui auraient été tentés de s'évader. L'anneau était fixé à la cheville et, pour se déplacer, le détenu devait porter le boulet, d'un poids de quinze livres.

Photographie : archives du Bureau du Solliciteur général du Canada

Chapitre premier

MON ENFANCE

JE naquis à Hull, un 10 juillet. J'étais le deuxième garçon d'une famille de six enfants. L'aîné, Raymond, avait quatorze mois de plus que moi. Viendraient ensuite quatre filles.

Pour ce que je sais de la vie de mes parents, ma mère a eu une enfance heureuse et s'est mariée vers l'âge de dix-sept ans. Mon père était un grand gaillard qui n'avait pas froid aux yeux. Je l'aimais, et pourtant je ne sais pas comment le décrire. Il n'était pas souvent à la maison. Je me souviens qu'il travaillait beaucoup pour subvenir aux besoins de la famille; il avait presque toujours deux jobs. Il vivait plus pour travailler qu'il ne travaillait pour vivre.

Dans ce temps-là, on n'avait pas de télévision, pas de réfrigérateur. En comparaison d'aujourd'hui, on vivait dans un monde primitif.

En 1939, la guerre éclate. Mon père ne fut pas mobilisé parce que nous étions une famille nombreuse. J'étais trop jeune pour ressentir les conséquences directes de cette guerre, comme les personnes qui y ont perdu des fils, un époux, un père. Mais j'en subissais quand même les contrecoups et les privations.

L'année 1940 a été difficile chez nous; entre autres raisons à cause de l'apparition des réfrigérateurs, car mon père, qui travaillait comme coupeur de glace, perdit son emploi. Quelque temps plus tard, il trouva un nouveau travail dans une fabrique de chaînes pour chars d'assaut. À ses moments libres, il réparait des bicyclettes qu'il pouvait ensuite louer ou vendre. Dans ce petit monde-là, j'étais heureux.

Nous avions l'habitude de passer nos soirées autour de la fournaise, où toute la famille réunie, nous écoutions à la radio notre émission préférée : «Yvan l'intrépide». Après cette émission, mon père couchait ma petite sœur Claudette au deuxième plancher et venait nous rejoindre pour écouter «Séraphin».

À cet âge, certaines choses m'impressionnaient beaucoup. Le soir, je regardais par la fenêtre et je voyais des phares se promener dans le ciel, à la recherche d'avions allemands. Je ne comprenais pas la gravité de la situation. Pendant le couvre-feu, la sirène hurlait et, dans ces moments d'angoisse, je cherchais la sécurité auprès de mes parents. Dans ma petite tête d'enfant, c'était «épeurant». Mes parents se levaient et fermaient les rideaux pour que la lumière ne soit pas visible de l'extérieur. Ensuite, les soldats en uniforme passaient à la porte pour vérifier. Pour moi, c'était passionnant de les voir dans leur uniforme, casque dur sur la tête, et grosses bottines noires bien cirées aux pieds.

Chez nous, c'était la misère noire; pas d'argent, pas de confort matériel, rien. On achetait avec des jetons. Pourtant, j'étais bien dans ma famille. C'était tout mon univers; je ne sentais pas le besoin d'avoir des amis.

Raymond, mon frère aîné, devint très important dans ma vie. Je crois que s'il m'avait demandé de me jeter à l'eau, je l'aurais fait. J'avais une confiance totale en ma famille et, pendant cette période difficile, je trouvais sa présence rassurante.

Au début de septembre 1942, à l'âge de six ans, il fallut que j'aille à l'école. Quel traumatisme! Je refusais d'assumer cette transition : mon univers était ma maison, ma famille et je ne voulais rien d'autre. J'ai dû créer dans ma tête un blocage, car je refusais d'accepter un changement qui, chez d'autres enfants, se passe facilement. Mon frère, lui, était plus grand ; c'est pour cela qu'il était capable d'aller à l'école. Mais moi, non.

Dès ma première journée, je me sentis seul et bizarre dans ce nouveau monde. Je n'ai jamais su si mes parents trouvaient mon comportement étrange; je ne le crois pas. À cette époque, les gens ne consacraient pas trop de temps à comprendre le comportement de leurs enfants.

Un soir, mon père nous appela, mon frère et moi, en disant : «Venez, mes petits gars, j'ai un cadeau pour vous». Comme cela n'arrivait pas souvent, nous étions très intrigués. Il nous donna à chacun une belle paire de bottines de l'armée. Elles étaient noires avec un fer en forme de «U» au talon. Aussitôt nous lui sautâmes au cou, comme s'il venait de nous donner la lune.

*

*   *

Un soir d'automne, se produisit un incident qui me frappa. On entendit pleurer au deuxième plancher, et mon père monta voir ce qui se passait. Ma petite sœur Claudette s'était fait mordre par un rat dans sa bassinette. Je me souviens d'avoir vu mon père prendre ma petite sœur dans ses bras et la conduire à l'hôpital. Comme elle saignait beaucoup, j'avais très peur. Quelques heures plus tard, il la ramena à la maison.

Dès le lendemain, mon père installa des pièges à rat et nous expliqua que c'était pour attraper ces petits animaux affamés qui étaient extrêmement dangereux. Par la suite, il fit coucher ma petite sœur dans le lit des parents. Moi, je la trouvais bien chanceuse.

*

*   *

Le 8 mai 1945, un soupir de soulagement est ressenti à travers le monde : la guerre se terminait. J'avais neuf ans. Mon père et ses amis se réunissaient pour discuter de la guerre et de ses morts, des mutilés, des victimes des camps de concentration. Le nom d'Hitler revenait souvent lorsqu'ils parlaient des massacres de Juifs.

Un soir, mon frère Raymond arriva à la maison et nous raconta une histoire terrifiante. Sur le Mont-Royal, un petit garçon de neuf ans avait été séquestré par un homme qui l'avait sodomisé et avait mangé ses parties génitales pour ensuite le laisser mourir, exsangue *.

Pour me faire peur, nom frère me fit croire que cet homme avait déménagé dans la rue juste derrière chez nous. Il me montra un article de journal qui racontait les faits (excepté la partie du déménagement, bien sûr). Le même soir, ma mère m'envoya chercher du charbon dans la remise à l'arrière de la maison. Je lui dis :

---

* Le 15 février 1946, un robineux du nom de Robert Chassé a été pendu à la prison de Bordeaux pour le meurtre de Johnny Benson, le petit gars du Mont-Royal. Son corps fut décroché par deux détenus dont l'un se nommait Johnny Young.

— Demande à Raymond.

Elle me répondit :

— Dis-moi pas que t'as peur!

Pour rien au monde je n'aurais avoué ma crainte, et j'y suis allé, contre mon gré. Mon frère, qui était caché dans le hangar, me lança un sac de charbon vide sur le dos. Terrifié, je me mis à crier et à trembler; c'était la première fois que j'exprimais cette grande peur qui m'habitait. Les membres de ma famille ont bien ri de moi.

Déjà, sans le savoir, je commençais à expérimenter le goût de la vengeance.

Chapitre II

MON ONCLE BONBON

C'ÉTAIT la veille de Noël. Après sa journée de travail, mon père eut la grande surprise de trouver la sœur de ma mère, ma tante Dada, et son frère Lorenzo, ainsi que plusieurs membres de notre famille tous réunis à la maison pour fêter Noël. Mon oncle Roland, mari de tante Dada, était déguisé en Père Noël. Il remit quelques cadeaux aux enfants et la fête continua de plus belle. Nous dansions et chantions tous ensemble.

Vers deux heures du matin, jugeant que mon frère et moi étions fatigués, ma mère annonça qu'elle allait nous coucher. Mon oncle Roland déclara :

— Reste, toi. Je vais les mettre au lit.

Il se tourna vers nous et dit :

— Venez, les petits gars, le Père Noël va vous coucher et, si vous êtes gentils, il vous apportera peut-être d'autres cadeaux.

Il nous coucha; mon frère au fond du lit et moi au bord. Il me frottait le ventre comme pour me calmer et m'endormir. Tout à coup, sa main pénétra à l'intérieur de mon pyjama et s'empara de mon pénis. Il me caressait, sentait la boisson, et respirait très fort. Il nous demandait :

— L'aimez-vous votre oncle Roland, l'aimez-vous?

Ma mère lui cria d'en bas :

— As-tu de la difficulté, Roland?

Il répondit :

— Non, non, ce sont de vrais petits anges.

Il nous embrassa et redescendit au party. Le lendemain, il y avait encore ma grand-mère à la maison, ma tante Dada et mon oncle Roland. En nous voyant, mon oncle dit à ma mère :

— Rita, ces petits-là ont été si gentils hier que je vais les amener au magasin aujourd'hui.

Il nous acheta des bonbons et de la liqueur douce tout en nous redemandant si nous l'aimions et si nous le trouvions gentil. Mon frère lui dit :

— Oui, mon oncle.

Et l'oncle me demanda :

— Et toi, mon petit André ?

À cet âge-là, ne connaissant pas mieux et ne comprenant pas les événements de la veille, je répondis :

— Oh! oui, mon oncle.

Tout ce qui comptait, c'était les bonbons et la liqueur douce. Il fut sans doute rassuré, et il nous ramena à la maison.

Je le revis, en revenant de l'école. Trois gars voulaient me battre. Je cherchais à me réfugier sur une galerie; les gars me suivaient dans l'intention de me frapper. Tout à coup, j'entendis un cri :

— Lâchez-le, mes grands, tabarnacle.

Et une auto s'arrêta; c'était mon oncle Roland. Il me dit :

— Embarque avec moi, eux ils ne te toucheront pas.

Il m'amena dans le vieux Chelsea, un petit village près de Hull, dans un chemin appelé «Le chemin de la mine». Il me demanda où les gars m'avaient frappé; il me touchait un peu partout. Tout à coup, il sortit son pénis et me demanda si j'en avais déjà vu un aussi gros. Il me dit de jouer avec son pénis, en me montrant quoi faire et il ajouta :

— Fais ce que je te dis et je vais t'acheter des bonbons.

Quand un oncle parlait, on l'écoutait, par respect. Mon oncle m'acheta un gros cornet à deux boules à la *Dairy* et j'oubliai vite son acte. Il me reconduisit à la maison et expliqua à ma mère :

— Le petit a été chanceux que je passe par là; des voyous voulaient le battre.

Et il lui raconta l'incident. Ma mère le remercia et le traita presque en héros. Par la suite, il revint souvent à la maison. Quand ma mère ne regardait pas, il en profitait pour nous passer la main dans nos sous-vêtements; nous, on pensait qu'il nous aimait bien.

Un soir, mon oncle arriva à la maison et dit à ma mère que ma tante Dada venait d'entrer à l'hôpital. Elle devait se faire opérer du foie. Comme il était seul et s'ennuyait, il demanda la permission de m'amener chez lui pour quelques jours. Mes parents acceptèrent avec plaisir.

Vers dix heures, ce soir-là, mon oncle Bonbon (c'était le surnom que lui avait donné mon frère) m'amena chez lui en tramway. Il me fit asseoir au fond afin de pouvoir me caresser durant le trajet. Le conducteur nous regardait souvent avec de gros yeux et je ne savais pas pourquoi.

Rendu chez lui, il me fit prendre mon bain; il prit une bière et m'en fit boire un peu. Ensuite, il me sécha lui-même. Il me fit coucher avec lui; j'étais nu. Plus tard, je me réveillai à côté de lui. Il était nu lui aussi et il m'embrassait partout. Je m'aperçus qu'il avait mis mon pénis dans sa bouche et j'eus peur parce qu'il grognait. À cet instant, je pensai à l'histoire du petit gars du Mont-Royal et je me mis à crier et à me débattre. Mon oncle ne comprenait rien à ce qui m'arrivait, moi qui étais toujours si docile. Alors je lui racontai la fameuse histoire. Il me consola de plus belle en disant :

— Voyons donc, ton oncle n'est pas méchant. Tu sais comme ta maman m'aime; si j'étais méchant, elle ne m'aimerait pas. Je ne répondis pas. Il poursuivit ainsi :

— Il ne faut rien dire à ta mère pour ne pas l'inquiéter; parce que si tu le lui dis, le bon Dieu va venir la chercher.

Je ne comprenais rien; mais je ne voulais pas que le bon Dieu vienne la chercher. Je l'aimais trop.

Lorsque mon oncle me pensa calmé, il s'endormit; mais moi, je n'avais pas sommeil. C'était comme si quelque chose s'était déclenché en moi. Je ne pouvais pas exprimer ma peur, et si je parlais, on allait m'enlever ma mère. Je devins comme une statue; je ne réagissais plus. Je ne comprenais pas ce qui se passait dans ma tête. Le lendemain, mon oncle m'amena dans un grand magasin d'Ottawa, et m'acheta un gros avion. Il me répéta de ne rien dire à maman, si je l'aimais. Ensuite, il me ramena à la maison. Encore une fois, il me vanta à ma mère, lui faisant croire que je l'avais bien aidé, et que c'était pour cela qu'il m'avait acheté l'avion. Il resta un bon moment, puis repartit. Moi, je me suis assis par terre et j'ai joué machinalement avec mon avion.

Ce soir-là, quand mon père est rentré à la maison, je ne suis pas allé à sa rencontre comme d'habitude. Je ne parlais de rien et mes parents ne s'aperçurent de rien. Ma mère était trop confiante et mon père avait trop de travail. Pourtant, je ne fus plus le même par la suite.

Ma mère me fit entrer aux *Enfants de chœur* de l'Église Saint-Joseph de Hull. Plus d'une fois, j'ai voulu me confier au prêtre; mais parce que je pensais que le bon Dieu allait me punir en m'enlevant ma mère, je n'en parlai jamais. Je vivais avec ce gros secret et je commençai à détester de me confesser parce que, même dans mon cœur d'enfant, je savais qu'il fallait dire ce qui se passait et je ne le disais pas. Je préférais rester seul.

À l'école, on me taquinait beaucoup. Un jour, on me demanda de jouer un tour pendable à la maîtresse. Ce tour consistait à accrocher au dos de son manteau une serviette sanitaire souillée de "ketchup". Je ne voulais pas, mais mes copains disaient que j'étais un peureux; alors, je l'ai fait. Le directeur promit une pomme au délateur et il découvrit le coupable. Je fus vendu sur-le-champ par le même gars qui m'avait incité à faire le coup. Comme pénitence, j'ai dû écrire cinquante fois : «Je ne jouerai plus de tour à mon professeur».

Après la classe, je rejoignis le gars qui m'avait dénoncé et lui demandai pourquoi il avait fait ça. Il éclata de rire, me dit de ne pas l'achaler et me traita de niaiseux. Je commençai à avoir peur, puis, je fus bousculé par derrière et mon bras fut projeté vers l'avant. Par le même fait, je frappai mon opposant au visage et ce dernier s'écroula sur le pavé, semi-inconscient. Toute la "gang" fut étonnée et surprise de voir le grand se faire coucher au sol par le petit, et cela d'un seul coup de poing.

Je sortis bien valorisé de cette aventure, puisque tous croyaient que mon geste était intentionnel. De peureux, je devins en un jour le «petit surhomme du coin» et toujours prêt à le prouver.

Chapitre III

LE SURHOMME DU COIN

MON père nous annonça, au début de l'été, que nous allions déménager afin d'économiser les sous du loyer qui serviraient à l'achat de matériaux de construction pour notre nouvelle maison. Le jour, nous aidions notre mère à creuser la cave à la pelle.

Mon père ne gagnait pas beaucoup d'argent et les travaux n'avançaient pas vite. Le temps passait, le mois d'octobre arriva. Les nuits étaient plus froides et nous n'avions pas encore l'électricité, ni de papier isolant sur les murs extérieurs de la maison. Le soir, on couchait tous dans le même lit pour pouvoir se réchauffer.

Plus les jours passaient, plus il faisait froid. L'hiver arriva pour de bon et la neige entrait par les fentes des murs de la maison. Pendant tout ce temps, jamais ma mère ne s'est plainte; au contraire, pour nous protéger, elle mettait son beau manteau de fourrure par-dessus les couvertures. Mais bientôt, ce ne fut plus assez. La nourriture gelait et, le soir, nous devions marcher sur des planches de deux par dix, et porter un fanal, pour nous rendre aux toilettes. Cela devenait dangereux. Mon père était malade, mais il allait travailler quand même.

Au début de décembre, mon oncle Lorenzo vint nous rendre visite. Lorsqu'il vit notre situation, il dit à ma mère :

— Voyons donc, Rita, je comprends votre fierté, mais vous devez penser aux enfants.

Il prit donc l'initiative de nous loger chez lui pour l'hiver. Quelques semaines plus tard, le jour de Noël tant attendu arriva. En cette belle journée, mon oncle attela les chevaux et nous partîmes, les deux familles, faire une randonnée dans un gros traîneau. Pendant la promenade, nous avons chanté des cantiques de Noël.

Nous nous sommes arrêtés chez mon oncle Roland et ma tante Dada. L'atmosphère n'y semblait pas très chaleureuse. Une voisine s'était plainte aux policiers des agissements de mon oncle envers son jeune garçon, ce qui avait perturbé ma tante Dada. Malgré tout, nous étions contents, puisque la famille était réunie ce qui, pour nous les enfants, avait beaucoup d'importance.

Au printemps, mon père remercia mon oncle Lorenzo de ses bontés et nous sommes retournés à la maison. Quelle surprise! Mon père et mon oncle Lorenzo avaient construit, les soirs souvent froids, des planchers et des fenêtres partout. Nous avions enfin une chambre et un lit à nous. Wow !... C'était fantastique.

Le 10 juillet 1946, journée de mes dix ans, ma mère me donna dix cennes en me disant de ne pas tous les dépenser. Nous sommes allés, mon frère et moi, au théâtre français à Ottawa voir un film de cow-boy. Je m'endormis ce soir-là en pensant aux pantalons en peau de mouton que portait le cow-boy. Le lendemain, je me levai avec une idée fixe : me faire des pantalons comme dans le film. En fouillant dans la garde-robe de ma mère, je trouvai son manteau de phoque. Aussitôt vu, aussitôt fait. Je me fis une paire de pantalons en fourrure. Je découpai des bouts de fourrure que je collai sur mes pantalons et je fabriquai un masque en fourrure. Puis, j'attendis ma mère qui revenait de l'épicerie. Je me cachai dans la garde-robe et lorsqu'elle passa, j'en sortis en criant, tout fier :

— Haut les mains!

Elle se tourna, stupéfaite, et me cria :

— Mon p'tit tabarnacle, attends que ton père arrive; lui, il va t'en faire un haut les mains.

Et elle m'envoya dans ma chambre.

De la façon dont ma mère criait, je voyais très bien qu'elle était fâchée. Je ne comprenais pas pourquoi, car j'avais fort bien réussi mon habit de cow-boy. J'avais le cœur bien gros de lui avoir fait de la peine. Lorsque mon père rentra, ma mère lui raconta ce qui s'était passé. Il prit un chevron de deux par quatre et me dit :

— André, viens icitte. Quand j'vas avoir fini avec toé, tu diras plus jamais «haut les mains».

Là, j'y ai goûté. À tous les coups, je faisais une petite danse et il continuait de plus belle en me disant :

— Redonne-moi ta main.

Pour la première fois de ma vie, il me vint à l'idée de tenir tête à mon père. Je lui dis :

— Non!

Mon père devint comme enragé; il me prit par le cou et me mit sur ses genoux pour me donner un bon coup sur les fesses. Mais moi, en voulant me dégager, j'ai bougé et reçu le coup sur une joue. Mon père resta pétrifié en voyant le sang gicler. J'en profitai pour me sauver. Ce fut la dernière fois que mon père me battit.

Je me suis caché dans la cave. Mes parents commençaient à être inquiets. Ils criaient, m'appelaient, mais je ne bougeais pas. Ils se sont fatigués et sont allés se coucher. Ce soir-là, j'ai dormi dans la cave non cimentée. Le matin, je pensais qu'il n'y avait plus de danger, car ma mère avait pris l'habitude de se coucher très tard dans la nuit pour se lever vers deux ou trois heures de l'après-midi. Vers neuf heures, j'ai donc risqué de monter l'escalier. Dès qu'elle m'entendit, elle se leva et me dit :

— Pour te punir, ton père exige que tu passes le reste de tes vacances dans la maison. Puis elle me lava le visage pour en enlever le sang séché.

*

*   *

Le mois de septembre arriva. Un samedi après-midi, mon frère et moi, en compagnie d'autres jeunes, décidâmes d'aller jouer dans l'entrepôt situé près de chez nous. Il y avait là un coffre-fort que nous avions déplacé de deux ou trois pieds pour pouvoir y grimper dessus. On montait sur le rebord de la fenêtre et on sautait dans le sable. Quelqu'un nous aperçut et appela la police. Nous nous sommes tous retrouvés au poste de la rue Leduc, à Hull. Les enquêteurs ont fait toute une histoire; ils ne voulaient pas croire que nous nous amusions tout simplement. Nous n'étions que des enfants. Après nous avoir interrogés, ils nous firent asseoir dans un couloir pour y attendre nos parents. Sur les murs, on pouvait voir des photos de policiers retraités. Une heure plus tard, mes parents sont arrivés et ont discuté avec les policiers. Ensuite, nous sommes repartis à la maison.

En hiver, je fus arrêté de nouveau. Cette fois-ci, pour m'être accroché au tramway, afin de glisser sur la voie. Je fus condamné à deux dollars d'amende.

Au début du printemps, nous sommes retournés jouer au piquet près du même entrepôt. Ce jeu consistait à faire tomber le bâton de l'adversaire qui était planté dans la neige. Tout à coup, en le menaçant de son bâton, un membre de la gang vola les dix-sept cennes que possédait un petit garçon.

On s'est encore retrouvés au poste de police. Cette fois-ci, c'était sérieux, parce que les bâtons que nous avions étaient considérés comme des armes. Les autorités décidèrent de nous garder, mon frère et moi, et ils nous amenèrent à la vieille prison, rue Principale. C'est là que nous fûmes accusés de «vol à main armée», tandis que les autres membres de la gang étaient libérés moyennant une simple réprimande. J'avais onze ans et mon frère douze.

À écouter parler les policiers, nous étions des criminels endurcis. Malgré nous, la société commençait à nous créer une réputation que, par la suite, je chercherai pour ma part à préserver.

À la prison, je rencontrai un monsieur Beauparlant, homme bien sympathique, qui travaillait à la Cour. Il me parla des difficultés qu'avaient mes parents à nous élever, étant donné que nous étions des enfants hyperactifs. Il me demanda si j'aimerais retourner à la maison avant de repasser à la Cour pour être jugé. Je lui dis que oui. Il était gentil, avait l'air bon, et me fit comprendre que ce n'était pas encore le moment opportun de parler au juge. On nous renvoya donc aux cellules.

À l'heure du souper, on me fit asseoir à une table avec d'autres prisonniers; tous des adultes. Un des prisonniers me lança des insultes, sous prétexte que je prenais trop de place pour manger. Ne voulant pas m'en laisser imposer, je lui répondis des niaiseries, comme on en dit à cet âge. Lui, pas plus malin que moi, riposta, et la bataille éclata. On m'envoya au cachot; j'y restai trois longs jours au pain et à l'eau. La seule ouverture était de la dimension d'une brique dans le bas de la porte. Comme il n'y avait aucune lumière, j'avais très peur.

Au bout des trois jours, on me renvoya dans une cellule, où on ne parlait que de la dernière personne à avoir été pendue dans la cour de la prison de Hull. Son nom de famille était Cassidy. Ces conversations me perturbèrent et m'embrouillèrent l'esprit encore plus. Au bout d'un mois passé dans cette prison, je dus comparaître, avec mon frère, en Cour juvénile. Mes parents étaient présents. L'honorable juge Millard nous dit que nous étions condamnés à trois années d'école de réforme, au Mont Saint-Antoine, à Montréal. Vu notre jeune âge, on nous autorisait à rester chez nos parents jusqu'à ce qu'il y ait de la place pour nous, probablement vers le mois de septembre.

En arrivant à la maison, mon père nous étreignit et posa sa main sur ma tête. Il avait les larmes aux yeux. Il nous dit :

— Mes p'tits gars, je ne sais pas où j'ai manqué avec vous deux, mais j'espère de tout mon cœur que le bon Dieu vous protégera.

Je voyais mon père pleurer pour la première fois. J'avais de la peine mais en même temps, j'étais content qu'il me caresse, chose qu'il n'avait pas faite depuis bien longtemps. Cela me rappelait quand j'étais petit et qu'il me chatouillait dans le cou. Je souffrais tellement du manque de cet amour. Peut-être que tout le mal que je faisais avait pour but d'attirer son attention, afin qu'il s'occupe de moi.

En pleine nuit, j'entendis mes parents discuter. Ma mère disait que les policiers lui avaient expliqué que le Mont Saint-Antoine n'était pas une école de réforme, mais une école industrielle où nous pourrions apprendre un métier. Parce que nous étions placés par la Cour, ils n'auraient rien à débourser. C'était important pour eux. À la maison, il resterait mes petites sœurs; c'était assez pour occuper ma mère. Depuis un certain temps, mon père avait une maîtresse et ma mère était devenue indifférente à ce qui se passait dans la maison. Elle était trop préoccupée par l'infidélité de mon père. Elle attendait papa tard la nuit et, le jour, elle dormait pour rattraper ses nuits sans sommeil.

Raymond fêta ses quatorze ans le six mars, et nous nous sommes arrangés pour terminer les derniers mois de classe. Le 10 juillet j'eus treize ans et les vacances d'été se déroulèrent sans contretemps.

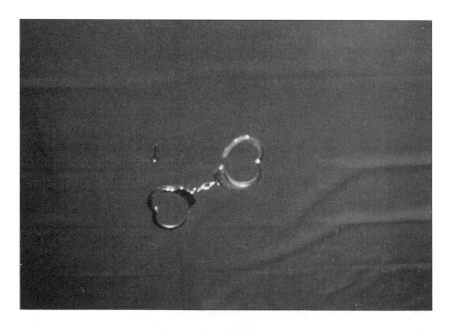

Une paire de menottes
Photographie : André Kouri

Chapitre IV

L'ÉCOLE DE RÉFORME

L E 25 septembre, deux policiers habillés en civil se présentèrent chez nous pour nous conduire au Mont Saint-Antoine. Ma mère nous fit une caresse et nous dit de ne pas oublier de faire notre prière le soir. Le policier sortit une paire de menottes et m'attacha à mon frère par un poignet. À ce moment, ma mère éclata en sanglots en leur demandant :

— Mon Dieu, est ce que c'est réellement nécessaire?

Le policier lui répondit :

— Vous savez, Madame, c'est le règlement.

Une fois conduits dans les vieilles cellules de la prison de Hull, on nous enleva les menottes et on nous plaça chacun dans une cellule. C'est à ce moment-là que je commençai à m'inquiéter. Je demandai à mon frère Raymond :

— Sais-tu ce qu'ils vont faire de nous?

Je pleurais. Il me dit :

— Je ne sais pas, André. Vers onze heures du matin, un policier vint nous chercher; il nous remit à deux détectives. Ces derniers nous repassèrent les menottes. Je pleurais toujours et demandai à mon frère :

— Penses-tu que papa le sait?

Je crois bien que lui aussi avait le cœur très gros, parce qu'il ne répondait pas. Nous sommes arrivés à deux heures de l'après-midi au poste de police de la rue Gabriel, à Montréal. On nous enregistra, on prit nos photos et empreintes, et on nous plaça dans une grande cellule. Certains des détenus nous sifflaient parce que nous étions en culottes courtes. Je me souviens. Raymond m'a pris par le cou; il voulait me réconforter. Il me disait :

— Pleure pas, pleure pas, André.

C'était la première fois que j'allais si loin de chez moi; je pensais que ma tête allait éclater. C'était la fin du monde. La fin de mon monde.

J'ai dû vite apprendre à me dominer, car mes pleurs faisaient rigoler les autres. Quelqu'un me dit à ce moment :

— Pleure pas comme ça, le jeune! Où tu vas, et avec le visage que t'as, tu vas en faire bander des p'tits frères.

Un autre détenu me dit :

— T'en fais pas, le p'tit blond; car dans la vie, il y a toujours quelqu'un de plus mal pris que nous. Vois-tu le gars là-bas, il a dix ans à faire. Regarde l'autre sur la civière, Ti Louis L.; lui aussi il a dix ans à faire, mais il vient de se faire tirer dans l'épine dorsale. Il est paralysé pour le restant de ses jours. Comme tu peux voir, c'est une autre sorte de prison. Il y a toujours quelqu'un de plus malheureux que soi.

Je lui demandai :

— Vous, Monsieur, y a-t-il quelqu'un de plus mal pris que vous?

Il me répondit :

— Je ne sais pas, mon p'tit gars, je ne sais pas.

Il avait l'air tellement triste que j'ai demandé à un autre son nom. Il me répondit comme s'il était content de me le dire :

— Lui, le jeune, c'est Noël C.

Je lui demandai ce qu'il avait fait pour être ici. C'est alors qu'il m'expliqua que, le 23 septembre 1948, Noël C. et deux complices, Douglas P. et son cousin Donald P., avaient commis un vol à main armé dans une succursale bancaire du quartier Tétreauville, à Montréal. Au cours de la fusillade qui avait suivi, les agents Paul Durenleau, trente-quatre ans, et Nelson Paquin, quarante et un ans, avaient été abattus. Deux mois plus tard, les deux complices susmentionnés furent arrêtés au Manitoba.

Le premier soir de détention à la centrale de la Sûreté provinciale, à Montréal, on me remit une vieille couverture sale et on me dit de me coucher sur un vieux banc en bois. Comme maman me l'avait demandé, je fis ma prière en disant :

— Mon petit Jésus, vous qui êtes si bon, venez me chercher, sortez-moi de ma misère; vous savez, à vous je peux bien le dire, j'ai peur.

Puis je retins mon souffle le plus longtemps possible. Pour finir, je me remis à respirer et m'endormis, les yeux brûlés par les larmes, la lumière et la fatigue. Le lendemain, je fus réveillé par des cris et le bruit des policiers qui couraient. Noël C. avait essayé de se suicider. Ils ont sorti son corps sur une civière.

Des détectives de la police provinciale sont venus nous chercher, mon frère et moi. Encore une fois, on nous a passé les menottes, puis nous sommes partis pour l'école de réforme. Plus le temps passait, plus j'avais peur et je me remis à pleurer. Mon frère me tirait la main et me disait de cesser de pleurer.

Pendant le trajet, nous écoutions les deux policiers parler; l'un des deux disait qu'il trouvait bizarre que le chef Hilaire Beauregard l'ait envoyé à la morgue rencontrer le docteur A.B. Clément pour passer son médical. À ce moment-là, je ne comprenais pas très bien; mais plus tard, ces paroles me reviendront à l'esprit.

En arrivant, un des policiers nous a demandé si nous avions déjà vu ce bâtiment. Mon frère répondit que non. Il nous dit :

— Eh bien, les jeunes, vous êtes mieux de vous faire à l'idée! Ça va être votre demeure pour les trois prochaines années.

Pour moi, cela sembait un défi. Le Mont Saint-Antoine était l'école de réforme des pauvres. On nous conduisit chez le directeur, puis on nous enleva les menottes. Pour la première fois de ma jeune existence, je me sentais inférieur et impuissant, devant cet homme au physique et au regard imposants. Dès lors, je savais qu'un jour ou l'autre, j'aurais à lui faire face pour défier son autorité. En passant par le réfectoire, il nous amena dans une grande salle remplie d'enfants de mon âge et me dit :

— Toi, le p'tit blond, tu va rester là; c'est la salle des Moyens B.

Il repartit avec mon frère. Je criai :

— Raymond, va-t'en pas, laisse-moi pas tout seul.

Mes cris furent inutiles, puisque le directeur ne se retourna même pas et franchit la porte avec Raymond.

Nous aurions aimé avertir mes parents que nous étions arrivés en leur téléphonant à l'épicerie du coin, mais cela fut refusé à mon frère.

Les choses allaient trop vite pour moi. La veille, je venais de perdre ma famille; et maintenant, on m'enlevait mon frère, la seule présence rassurante qui me restait. Je me mis à pleurer. Mais dans la salle, on riait de moi. C'en était trop; je me mis à sacrer après le p'tit gars qui riait et je lui sautai dessus. Il y avait un frère dans la salle à qui on ne m'avait pas présenté. C'était le surveillant. Il me fit un petit sourire sournois, me prit à la gorge d'une main; de l'autre, il me donna un coup de poing en pleine figure. Je tombai à genoux et me mis à saigner du nez. Il me releva, me poussa entre deux armoires et me dit d'un air menaçant :

— Toé le blond, t'es mieux de rester là.

À midi, les petits gars sont allés dîner au réfectoire; moi non. Puis, ils sont allés à des cours de métier, je crois. J'entendais seulement les ordres. Ils sont revenus souper. Moi, j'étais toujours entre les armoires. Je n'ai pas eu droit au souper. Vers vingt heures, le frère a sifflé. Tous les p'tits gars se sont mis en rang de chaque côté de la salle. Le frère directeur est arrivé avec un grand monsieur qui s'appelait Robert, et un autre frère. Ils ont fait sortir un petit garçon des rangs et l'ont amené aux toilettes; nous avons entendu le petit gars crier et pleurer. J'ai su plus tard qu'on l'avait mis sous une douche froide et qu'on l'avait battu à coups de strappe. Tout mon être se révoltait. C'était comme si chacun de nous recevait les coups. Il régnait un silence de mort. Certains des gars regardaient les frères avec ce que je pensais être de la haine dans les yeux mais, aussitôt que les frères regardaient dans leur direction, les jeunes baissaient la tête.

Ensuite, les deux frères sont venus vers moi. Le cœur me battait très fort; j'étais glacé de peur. Ils ont parlé entre eux environ cinq minutes. Je les entendais mentionner le mot strappe. Inutile de vous dire qu'à mes pieds, il y avait une grande mare. Depuis onze heures du matin que j'étais entre les armoires... Je me remis à pleurer et, du coin de l'œil, je risquai de regarder ce qu'ils faisaient. Je reçus une taloche derrière la tête et le frère gardien me dit :

— Quand on te dit de regarder le mur, regarde le mur.

Le directeur et monsieur Robert sont repartis pour nous laisser seuls avec le frère gardien. Celui-ci dit à un petit garçon de commencer à réciter le chapelet, les bras tantôt en croix, tantôt baissés. Dans ma crédulité d'enfant, je me disais : «Papa va venir et lui, le frère, y va se faire planter...» Papa était ma seule chance de salut. J'ai toujours cru, pendant mon enfance, que mon père me protégerait de tout.

À dix heures, les petits gars ont eu la permisson d'aller se coucher. Le frère est venu me dire de monter au dortoir où un lit me fut assigné. Cela faisait onze heures que j'étais arrivé à l'école de réforme et, tout ce temps, je l'avais passé entre deux armoires. Je me rendis à la salle de toilette. Quand j'ai vu mon visage dans le miroir, j'ai compris pourquoi on ne m'avait pas donné la strappe; j'étais déjà très amoché par le coup de poing du frère gardien.

Comme maman me l'avait demandé, je fis ma prière et me mis à pleurer silencieusement en pensant à mon grand frère. Bientôt, exténué, je m'endormis.

Le matin, je fus réveillé par la radio. C'était une chanson de Willie Lamothe : «Le voilà le Gros Bill». J'avais mal partout; j'avais les yeux enflés et encore du sang dans la figure. J'allai au réfectoire pour déjeuner. Je mangeais pour la première fois depuis que j'étais parti de chez moi, soit depuis quarante-huit heures. On me renvoya ensuite à la salle des «Moyens B» où j'appris que le petit garçon auquel on avait administré la strappe s'appelait Robert Dagenais et qu'il s'était sauvé pour aller voir ses parents. J'appris également qu'il y avait quatre salles : la salle des Petits, la salle des Moyens B, celle des Moyens A (où était mon frère) et celle des Grands (seize ans et plus).

Tous les enfants qui étaient dans cette école avaient un point en commun, tous étaient perturbés, marqués par la séparation d'avec leurs parents. Certains avaient des parents alcooliques ou provenaient d'une famille pauvre et monoparentale. Il y avait aussi des victimes d'agression sexuelle. La famille manquait, même aux plus endurcis. J'ai appris, en partie à ce moment-là, en partie plus tard, l'histoire d'Éric, mon voisin de chambre.

Ses parents se sont rencontrés à l'âge de dix-huit ans. C'est alors le coup de foudre. Ils se marient et vivent les cinq premières années du mariage très heureux. Ils adorent leurs trois petits enfants. Les enfants aussi sont heureux, jusqu'au jour où Louise rencontre un autre homme.

Maurice, cherchant à donner le plus possible à sa femme et à ses enfants, travaille constamment. Le travail en vient à passer avant l'amour et il néglige Louise. Un jour, la catastrophe arrive. Un ami lui raconte qu'il a vu Louise entrer au motel avec un étranger. Maurice demeure incrédule, mais se pose tout de même des questions. Il travaille par poste de seize heures à minuit et se met à épier sa femme. Un jour, il la prend en flagrant délit. Pour finir, ce sera le divorce.

Après le divorce de leurs parents, les enfants ont été placés en foyer d'accueil. Ils n'ont jamais pu accepter cette situation et ont vécu dans l'espoir de voir un jour leurs parents se réconcilier. Ils n'ont pas pu imaginer qu'ils ne verraient plus les beaux jours d'antan. L'un des parents s'est mis à boire, l'autre a rencontré quelqu'un avec qui il essaie de refaire sa vie. Mais tant qu'il subsistera un semblant d'espoir chez Éric, il combattra toute forme d'autorité. Il se tournera toujours vers la lueur lointaine d'une étoile qui brille au firmament d'un faux ciel.

Si j'avais été plus âgé, j'aurais sûrement senti la révolte gronder. Tous se révoltaient contre toute forme d'autorité. Dans cet établissement-là, il y avait deux extrêmes; pas de milieu. Tu étais bon avec les frères et ça allait bien pour toi. Sinon, tu te faisais taper dessus. Je passai deux semaines dans un atelier afin que l'on voie si j'avais des aptitudes pour apprendre un métier. Je n'en avais aucune; d'ailleurs, j'étais trop jeune et, toute la journée, je rêvais, replié sur moi-même. On m'envoya dans une classe où, si nous étions sages, le professeur nous racontait une histoire à épisodes, *Michel Strogoff.* C'était le plus beau moment de ma journée.

* * *

Au mois de décembre, tous les petits garçons étaient agités, surexcités même, à l'idée de passer Noël à la maison. Mais moi, je ne pouvais pas y aller parce que ça ne faisait pas assez longtemps que j'étais là.

Peu avant Noël, je me suis assis près de la radio pour écouter «Petit papa Noël». Cela me rappelait mon chez-moi. Les jours de Noël, à la maison, c'était fête pour les enfants. Cette journée-là, j'ai eu une surprise. Raymond est venu me voir; c'était la première fois depuis que nous étions à cette école que je voyais mon frère. Je me suis mis à pleurer, encore, au souvenir de tout ce qui nous était arrivé. J'aimais beaucoup Raymond. Pourtant, il n'était plus pareil; il semblait endurci; on aurait dit qu'il préférait ne pas me voir. Il m'a dit :

— Je t'apporte quelque chose que maman nous a envoyé.

Il y avait une lettre, une boîte de bonbons, des morceaux de gâteau et du sucre à la crème qu'elle avait faits. Ensuite, Raymond est reparti. J'avais le cœur gros, mais je n'ai pas eu trop de temps pour penser à mon frère, car il y avait le cadeau de ma mère; c'était la première fois que j'entendais parler d'elle depuis que les policiers étaient venus à la maison pour nous emmener. Je me suis assis près de la radio et j'ai écouté «Minuit, Chrétiens, c'est l'heure solennelle où l'Enfant-Dieu descendit jusqu'à nous». C'était si beau et si triste à la fois, parce que j'étais si seul; j'ai lu la lettre de ma mère qui disait : «Mon petit André, j'espère que tu vas bien...» Comme si on pouvait être bien dans un endroit pareil; on aurait dit qu'elle n'était pas consciente de ses propos, ni de ses agissements; j'étais révolté. Je me suis souvenu que c'était elle, ma mère, qui avait convaincu mon père de nous laisser aller à l'école de réforme. Elle lui avait dit : «Tu as compris les policiers, ils ont dit qu'ils vont être bien, ils vont apprendre un métier...» et papa avait cédé.

Dans un mouvement de colère, je lançai la boîte de bonbons et sa lettre, et je montai me coucher en pleurant. Pour la première fois, je ne fis pas ma prière. Je commençais à douter de la parole de Dieu. Cette journée-là, j'ai vraiment ressenti de la violence et de la haine; je fus envahi d'une immense tristesse. Le lendemain, à mon réveil, quelqu'un avait ramassé mes friandises et avait laissé une petite note : «J'ai pensé que ça te ferait plaisir; je m'en vais chez mes parents, à Ottawa. Fais attention à toi». C'était signé Gerry Desp. Cela m'a fait bien plaisir.

Les fêtes passées, je commençai à m'habituer à la routine. Le matin, après le sifflet du frère, on allait déjeuner, puis on revenait à la salle pour repartir vers nos classes. À midi, on allait dîner et, ensuite, on avait une heure pour s'amuser aux cartes, aux dames ou à d'autres jeux. À une heure de l'après-midi, on retournait en classe jusqu'à quatre heures et demie; puis on soupait pour ensuite retourner à la grande salle où les frères organisaient des parties de ballon volant. D'autres fois, on allait jouer au Collège Saint-Vincent-de-Paul et au Mont Saint-Louis, à Ville Lasalle. L'hiver, on jouait au ballon sur glace et au hockey. À huit heures, c'était le chapelet et, après, le coucher. Les frères accordaient beaucoup d'importance aux actes de dévotion; cela avait un effet négatif sur moi, car j'étais trop révolté. J'en suis venu à détester d'aller à la messe tous les matins.

Pour le mois de mai, le "mois de Marie", on assistait à une procession aux chandelles, puis aux vêpres le dimanche et, tous les jours, la prière avant les repas. Pour moi qui commençais à douter du petit Jésus, c'était trop. Plus on me forçait, plus je devenais réticent. Pourtant, on m'envoya avec cinq autres garçons en retraite fermée. Je ne savais même pas ce qui m'attendait. On nous avait donné trois dollars et, après nos trois jours, nous devions mettre l'argent dans une enveloppe que les prêtres nous remettraient. Ce que je fis. En revenant à ma chambre, un de mes copains m'a demandé si j'avais mis mon argent dans l'enveloppe. J'ai dit que oui, et lui ajouta aussitôt :

— Non, mais t'es pas fou, toi! Il n'y avait pas de nom sur l'enveloppe, personne n'aurait pu savoir. Nous autres, on a mis des médailles et des images; celles qu'on nous avait remises en entrant, cela avait l'air pareil.

Mais le copain n'a jamais pensé que le fait d'avoir mis l'argent dans l'enveloppe avait eu pour effet d'embrouiller les prêtres; car un seul sur les cinq avait mis l'argent. La question, pour eux, était : «Lequel»?

*

*   *

Un jour, l'un des frères mourut. Cela faisait sept mois que j'étais à l'école de réforme et ce frère avait été alité pendant un an. On m'a quand même obligé à aller le voir dans son cercueil. Comme j'avais peur des morts et, qu'à cet âge-là, on réagit bien souvent de façon nerveuse, j'ai ri. D'autant plus qu'il avait sur la tête une petite calotte qui me rappelait une chanson de ma grand-mère que je me mis à fredonner à voix basse : «Mais dites-moi donc comme t'as un beau casque, j'aimerais bien ça l'avoir». Le frère L. , qui était derrière moi, m'entendit et me donna un tel coup sur la tête que je tombai par terre. Il me releva en me tirant par une oreille et me mena dans la salle des Moyens B, une fois de plus entre les armoires... Il me dit de rester là. Puis le frère revint avec le frère directeur et monsieur Robert. On m'amena dans les toilettes et j'eus droit à la douche froide et à la strappe. Je croyais bien que j'allais devenir fou de douleur. J'ai eu les fesses enflées, et marquées de blanc, bleu, noir, rouge. J'aurais voulu être assez grand et fort pour les tuer tous.

On venait de créer en moi un sentiment d'impuissance et d'infériorité qui, pendant des années, me portera à vouloir me venger. Les petits gars me dirent que j'avais été chanceux de ne pas avoir eu la banane, bout de tuyau avec un manche en bois. Sans le savoir, ils venaient encore une fois de me donner le prétexte idéal pour combattre l'autorité sous toutes ses formes. Le lendemain, j'ai lu que Noël C., le voleur à main armée, avait été pendu à la prison de Bordeaux. J'ai eu beaucoup de peine. C'était le 15 mars 1949. Douglas P. et Donald P. furent pendus, l'un le 17 juin, l'autre le 25 novembre 1949. La mort des deux policiers était ainsi vengée.

Petit à petit, je devins hypocrite pour éviter les punitions et je me disais tous les jours en me levant : «Ces enfants de chiennes-là, un jour ils vont me le payer cher, même si je dois en mourir». Je commençai à faire de mauvais coups. Au moins, j'allais être puni pour quelque chose.

Un jour où je devais travailler à la cuisine, j'ai attendu que le cuisinier tourne le tête et j'ai fait tomber une boîte de savon dans la grosse marmite pleine de soupe. Quand le cuisinier se mit à brasser la soupe, il vit la boîte et, tout à coup, des bulles monter. Il me demanda :

— C'est toi qui as fait ça?

Je ne répondis pas. Alors, il me donna un coup de poing à la figure et je me mis à saigner du nez. Il m'essuya et me dit de retourner dans la salle. Pendant les heures qui suivirent, j'ai été terrorisé. J'étais certain qu'il allait faire un rapport et que j'aurais la strappe. À ma grande surprise, il n'en fit rien. Alors, d'heure en heure, tranquillement, ma peur disparut.

Un peu avant Pâques, je jouais dans la salle sur une barre de fer située à environ huit pieds du sol. Je perdis l'équilibre et tombai. Je m'étais fracturé le genou. Je préférais me taire, plutôt que de le dire aux frères, à cause de la peur qu'ils m'inspiraient. À l'heure du dîner, j'ai dit à Gerry Desp que je m'étais fait mal et je lui montrai mon genou. Il me dit :

— T'es mieux de le montrer aux frères.

Je lui répondis :

— Es-tu fou, toi! Qu'est-ce qu'ils vont me faire?

Je lui demandai de porter mon plateau, j'en étais incapable. Ce qu'il fit. Mais en me levant après le dîner, je fis quelques pas et perdis connaissance. Je me réveillai à l'hôpital Sainte-Justine où il y avait un personnel merveilleux. Même si mon genou me faisait mal, c'était comme des vacances. Trois jours plus tard, on me ramena à l'infirmerie du Mont Saint-Antoine où je reçus de très bons soins. Un matin, après avoir passé la nuit à l'infirmerie, je descendais l'escalier et un des surveillants me prit par la taille pour m'aider. Il en profita pour me toucher les organes génitaux, comme mon oncle Bonbon. Je lui ai crié de me lâcher. Il devint rouge et s'enfuit. Je n'avais plus peur de me défendre en pareilles circonstances.

À Pâques, mon frère Raymond et moi fûmes demandés au bureau du directeur. Depuis Noël, je n'avais pas vu Raymond. Mais, comme lui, je ne ressentais pas autant de plaisir à le revoir. On entra dans une salle où mes parents, ma tante Dada et mon oncle Bonbon, le *Candy Man*, étaient présents. Je ne pleurai pas; j'étais différent. Je me souviens que mon oncle faisait des farces à cause de mon plâtre. Je ne trouvais même pas ça drôle; plus rien ne m'intéressait. Mon oncle m'a dit que c'était grâce à lui si mes parents avaient pu venir, parce qu'il possédait une voiture. *Big shit*. Il se pensait indispensable.

À la suggestion du directeur, il nous amena faire un tour à l'Oratoire Saint-Joseph. Pour moi, qui déjà détestais les frères, la promenade ne fut pas plaisante. Vers six heures du soir, il nous ramena à l'école de réforme. Avant de partir, c'est vers mon père que je me tournai. Je lui fis une grosse caresse car il me manquait énormément. Je ne comprenais pas pourquoi il ne me ramenait pas avec lui. Mais personne dans la famille ne semblait savoir ce qui se passait au Mont Saint-Antoine ou ne voulait pas le savoir. Ce soir-là, j'ai eu beaucoup de difficulté à m'endormir; j'avais le cœur en peine.

Quelques jours plus tard, j'essayai de me représenter mes parents, tels que je les avait vus; mais, en fin de compte, leur image s'effaçait. Pour moi, l'essentiel était de sortir de ce maudit endroit.

L'été arriva et les frères montèrent des jeux à notre intention. J'ai appris à boxer, à nager; je suis aussi entré dans un groupe de cadets. Mais excepté la boxe, rien ne m'intéressait. Un jour, un frère organisa un tournoi de boxe auquel j'ai pris part. Je devenais plus fort et plus sûr de mes moyens. Souvent, quand j'allais aux toilettes, je me regardais les fesses où j'avais reçu la strappe et je me disais : «Un jour...»

À Noël, mes petites soeurs ont eu à choisir entre avoir des cadeaux ou recevoir notre visite. C'est ainsi que nous sommes allés rendre visite à nos parents. J'étais content de la sortie, mais la présence de mes parents me laissa indifférent, car ce n'était plus comme avant. De toute façon, je devais revenir au Mont Saint-Antoine. Pour moi et des milliers de jeunes qui sont passés dans les établissements du système pénal, nos beaux noëls d'enfants ne pouvaient jamais plus être les mêmes.

Plus tard, à la fin des classes de juin, on écourta ma sentence pour bonne conduite. Mais, juste avant de sortir, un frère me dit :

— Toi, tu vas revenir.

Et moi, je serrais les dents en me disant : «Jamais». Mais le dommage était déjà fait et je sortais méfiant, frustré, complexé et avec la volonté inébranlable de me venger. Je ne soupçonnais pas ce que j'avais devant moi. C'était le début d'une vie de criminel.

*

*   *

À peine trois mois après ma libération, on m'arrêta de nouveau pour vol par effraction. J'avais quinze ans. Je comparus devant le juge; celui-ci voulut me renvoyer à l'école de réforme jusqu'à dix-huit ans. Je dis au juge que je ne voulais pas y retourner parce que certains frères étaient trop «cochons». Le juge m'interrogea longuement sur les agissements des frères et, suite à mes déclarations, il remit ma sentence de trois mois et exigea une enquête au Mont Saint-Antoine. Après cette enquête, certains frères furent mutés dans d'autres maisons, dont l'école de réforme d'Alfred, en Ontario. Je n'ai pas purgé la peine de trois ans; mais j'étais tellement possédé par mon désir de vengeance, que je ne m'en rendais même pas compte.

*

*   *

À cette même époque, après m'avoir questionné sur les agissements louches de mon oncle Bonbon, ma tante Dada apprit que celui-ci, en plus des attouchements qu'il me faisait à moi, abusait aussi de mes soeurs, de sa cousine et de sa petite fille adoptive de quatre ans. Ce jour-là, ma tante consomma plusieurs bières. Vers cinq heures, lorsque mon oncle arriva du travail, il lui dit :

— T'as bu toute la journée et mon souper n'est même pas prêt.

C'est alors que ma tante, qui était derrière lui, prit un marteau et le frappa de plusieurs coups à la tête. Il tomba par terre, inconscient. Les ambulanciers et les policiers ont dû intervenir; il fut même question de porter contre ma tante Dada des accusations de tentative de meurtre. Étant donné ses explications, les autorités ont jugé bon de ne pas faire suite aux accusations portées contre elle.

Après avoir séjourné quelque temps à l'hôpital, mon oncle retourna chez lui. Ce fut pour lui le commencement de la fin. Les deux dernières années de sa vie, il les passa assis dans un fauteuil, dans un coin du salon, à l'état végétal, ne réagissant plus à rien et ne communiquant plus avec personne. Les seules fois où j'ai vu mon oncle extérioriser un sentiment, c'était lorsque quelques larmes lui coulaient sur les joues. Sa mort me laissa complètement indifférent.

Chapitre V

LE MONSTRE PRENAIT FORME

P ENDANT quelques années, je ne fis que bêtise sur
bêtise. J'entrais et sortais de prison. C'était devenu
un cercle vicieux, le vol appelant une punition, la punition appelant la vengeance. C'était tout ce que je connaissais. On me
traitait en criminel et je vivais en criminel.

Un matin, à ma sortie de la prison de Hull, je repartis avec
un chum dans l'intention d'aller faire un vol par effraction. Nous
avons été pris sur le fait. C'était le 4 avril 1955. Ce jour-là, j'ai
reçu une nouvelle condamnation : un an à la prison de Hull.

Quelques mois plus tard, le directeur adjoint, monsieur
Germain, arriva accompagné d'un inspecteur du gouvernement.
Il me dit:

— Laflamme, tu aimes ça critiquer, toi; si tu as quelque
chose à dire, dis-le, c'est le temps, car ce monsieur est ici pour
voir si tout fonctionne bien.

Je ne me fis pas prier. Je lui parlai des menus que nous
avions. Pour dîner, de la soupane, pas de sucre, des *chunks*
(gros morceaux) de pain, un petit carré de beurre et une
gamelle de café. Au souper, une gamelle de soupe, un petit
carré de fromage et un petit chunk de pain avec une gamelle
de café. Je lui ai également demandé s'il avait une idée de ce
qu'un régime pareil représentait pour un prisonnier purgeant
une peine de deux ans moins un jour. Physiquement, comment

un détenu peut-il résister? Je lui montrai mon genou blessé. Je dois dire que cet inspecteur fit preuve d'une très grande patience en m'écoutant. Il prenait des notes et, à la fin de l'entrevue, il me remercia. J'ai apprécié son attitude. Je m'attendais à être mis au cachot pour avoir parlé. Habituellement, on nous disait de surveiller nos déclarations mais, cette fois-là, il n'en fut rien. Deux ou trois jours plus tard, au lieu d'avoir nos fameux chunks, nous avons eu du pain en tranches et le menu fut également amélioré. Cet inspecteur avait agi positivement envers les détenus.

Comme lecture, on nous remettait des catalogues de Simpson Sears, que le directeur adjoint avait censurés, en barrant à l'encre les photographies des mannequins qui présentaient des soutiens-gorge.

Quelques mois plus tard, je fus transféré à la prison de Bordeaux, non pas par mesure de représailles, mais pour que je puisse me faire soigner le genou. À l'infirmerie, il y avait un Russe attaché à son lit par une camisole de force. Toutes les fois qu'il voyait deux ou trois gardiens ensemble, les yeux lui sortaient de la tête et il se mettait à crier, car il pensait que c'était les Allemands qui venaient le chercher pour le fusiller. Les infirmiers étaient obligés de le nourrir par injections. S'étant aperçus que le Russe avait peur de ces injections, ils lui montrèrent un gros extincteur chimique en nickel. Dans sa folie, le Russe crut que c'était une grosse seringue, et les infirmiers firent semblant de vouloir le piquer. Il eut si peur qu'il se mit à manger autant qu'on lui en donnait. Par la suite, quand les gardiens lui donnaient son repas, ils apportaient toujours avec eux le fameux extincteur.

Après m'avoir mis la jambe dans le plâtre, on me transféra de l'infirmerie à une cellule du premier étage, dans l'aile E-G-2. En entrant dans cette cellule, je vis qu'un autre détenu y avait fait une peinture murale de toute beauté. La scène représentait le démon, une fourche dans une main et, dans l'autre, un gros sac d'argent qu'il tendait vers le Seigneur. Celui-ci le regardait tristement, les bras ouverts. Je me suis souvent demandé qui était l'artiste qui avait réalisé cette œuvre et ce qu'il avait pu faire pour être dans un endroit aussi sordide que la prison de Bordeaux. Il était évident, même pour moi, que cette personne avait une conscience et beaucoup de talent.

Je m'aperçus très vite que de nombreux malades mentaux étaient installés dans l'aile E-G-2. L'aile D, normalement réservée à ces malades, était pleine. C'est pourquoi les gardiens avaient commencé à placer les malades au premier étage, où je me trouvais.

La prison de Bordeaux
Photographie prise par le directeur de la prison, monsieur Arthur Fauteux

Une nuit, je fus réveillé par des cris :

— Ma maudite chienne d'écœurante, tu viens encore de courailler, ma maudite vache, t'es pas pour me faire accroire que tu viens du bingo à cinq heures du matin.

Il y eut un bruit sourd de porte que l'on ouvre, des chuchotements, puis... le silence.

Le matin, vers neuf heures, un malade de l'aile D, «Frenchie», me demanda la date de mon arrivée et ce que j'avais fait pour être là. Je lui répondis que je venais de la prison de Hull et que j'étais ici parce qu'il avait fallu qu'on me mette la jambe dans le plâtre.

— T'es là parce que t'es fou comme nous autres et tu ne sais pas quand tu vas sortir, me dit-il.

Faut croire qu'il n'était pas si malade que ça, puisqu'il ne pouvait pas concevoir qu'on ne puisse pas me mettre un plâtre à Hull.

Plus les jours passaient, plus je m'interrogeais. J'aurais aimé savoir quand je retournerais à Hull. Il pleuvait; c'était humide et triste. Pour tuer le temps, je regardais les pigeons dans la cour, les murs qui entouraient la prison, le mirador, et le gardien qui faisait les cent pas sur le *catwalk*. Un jour, je vis un des gardiens tirer sur les pigeons dans la cour. Ses nerfs semblaient avoir craqué.

Un matin, on vint me chercher. Il était neuf heures. En même temps, on enlevait le corps de l'un des malades mentaux qui était mort, du cancer, dans la nuit. Il était maigre; on aurait dit qu'il avait du papier brun collé sur les os. Ce jour-là, on m'a ramené à la prison de Hull. Quelque quinze jours plus tard, on me conduisit à l'hôpital pour enlever mon plâtre. Mon genou était désenflé et il ne m'importunait presque plus.

Parfois, je rêvais aux frères de l'école de réforme dans leur soutane. Ils avaient l'air de corbeaux. Je m'imaginais les

voir voler au-dessus de moi. Parmi eux, je voyais surtout le portrait du grand monsieur Robert. La nuit, je faisais des cauche-
mars, je me réveillais en nage; la rage s'emparait de moi et,
plus la fin de ma peine approchait, plus je faisais des plans
pour me venger.

Pendant quelques mois, je menai la belle vie

Tout de même, ma sentence fut plus courte que prévu. Le matin où elle devait prendre fin, on me fit venir à l'administration. On voulait décider si je ferais vingt-cinq jours supplémentaires pour mauvaise conduite car, lorsque j'étais à l'intérieur, j'avais mis au point quelques vols avec un autre détenu du nom de René. René était allé voir le directeur et l'avait mis au courant de mes plans. Toujours est-il que René fut libéré le matin même; je le fus également, le même jour, mais vers 15 heures.

Pour avoir commis un autre vol, je fus condamné à une autre année à la prison de Hull, où je fus reçu par le sergent Plante. En me voyant, celui-ci s'écria:

Liette, sœur d'André, André, Monique, une amie

— Un beau bonjour, monsieur Laflamme.

Mais après que j'eus passé la deuxième porte, il dit aux gardiens de me surveiller, ajoutant que j'étais dangereux. Sur la liste, à côté de mon nom, était écrit à l'encre rouge : «À surveiller».

Je restai très peu de temps à la prison de Hull; on me transféra de nouveau à celle de Bordeaux.

Plusieurs de mes confrères détenus et moi-même étions tellement préoccupés par notre arrestation et par les problèmes occasionnés par celle-ci, que nous ne pouvions pas penser au mal que nous faisions, aux personnes qui nous aimaient. Les épouses devaient continuer à vivre comme si leur mari était toujours là, lui le gagne-pain du ménage. Pour elles, c'était une partie d'elles-mêmes qui s'en était allée. Elles devaient aussi vivre la haine et les mauvaises paroles des voisins, sans parler de l'argent qui ne rentrait plus. Et que dire de leurs petits enfants qui devaient continuer d'aller à l'école et d'entendre les sarcasmes des autres enfants. De quel courage ces victimes innocentes de la criminalité ont dû faire preuve...

Chapitre VI

LE GARS QUI NE VEUT RIEN SAVOIR

B ORDEAUX!... la prison commune de Montréal. J'y allais pour la deuxième fois.

On arriva en auto; les policiers devaient s'identifier aux gardiens, puis passaient une première porte. Les gardiens demandaient aux policiers de remettre leurs armes avant de passer la deuxième porte; personne n'était admis à l'intérieur des murs avec une arme. On nous amena à l'administration. Cette fois-ci, lorsque les portes se sont refermées sur moi, c'était comme si un courant électrique m'avait parcouru le corps; tous mes sens étaient en éveil; je sentais qu'il me faudrait être rusé pour survivre.

Je faisais mon entrée à Bordeaux en compagnie de deux autres prisonniers, Stan et Bob. Ils avaient les menottes aux mains et les chaînes aux pieds. On nous amena dans une grande salle. Il y avait des policiers munis de bâtons et de casques anti-émeutes. On nous fit avancer jusqu'à environ dix pieds du bureau; on nous enleva nos menottes et nos chaînes. Vu que j'étais le plus jeune des trois, le lieutenant Beaudin, un colosse de six pieds et cinq pouces pesant environ deux cent quatre-vingts livres et à qui le haut commandement de la Sûreté provinciale avait confié la sécurité de la prison de Bordeaux après l'émeute de 1952, me demanda :

— Toé le p'tit blond, qu'est-ce que tu fais dans la vie?

Un peu frondeur, je lui répondis :

— Moi, Monsieur, je suis boxeur.

Je le regardais du coin de l'oeil et vis un petit sourire passer sur le visage des policiers de la Sûreté provinciale. Je ne connaissais pas encore le danger. N'étaient-ils pas membres de l'escouade anti-émeute? Le lieutenant se leva de derrière le pupitre. C'était la première fois que je le voyais de toute sa grandeur. C'était comme s'il se dépliait. Il me dit :

— Toé, mon tabarnacle, tu ne boxeras pas icitte. Tu as voulu déclencher une émeute à la prison de Hull, tu ne déclencheras rien icitte. On va te tuer avant ça.

Je devenais «tough», mais entendre parler un représentant de l'autorité de cette façon-là... De toute manière, c'était la première fois que j'entendais dire que j'avais voulu déclencher une émeute à Hull.

Le directeur de la prison de Hull avait jugé bon d'accompagner mon transfert d'une recommandation. Le lieutenant dit également à Stan:

— Toé, c'est la même chose, et à Bob:

— Quant à toi, il n'y a pas de danger. Tu es dedans pour la traite des blanches et icitte, y a pas de femme.

Il nous informa que le refus de travailler serait considéré comme une raison suffisante pour nous envoyer au cachot. On nous plaça tous dans des ailes différentes. Moi, on me donna immédiatement le grade de capitaine responsable de l'aile C. Donc, j'étais le porte-parole des détenus de mon aile. Je devais transmettre leurs demandes, pour autant qu'elles soient raisonnables, au caporal Robert.

Une semaine plus tard, un jeune anglais du nom de Bruce Camp chercha à me pousser. Il reçut plusieurs coups de poing à la figure. Il tomba par terre et les gardiens vinrent le chercher pour l'amener à l'infirmerie. Je fus dégradé aussi vite que j'avais eu ma promotion, et je me retrouvai au cachot.

Les cellules de la mort

Le cachot était dans la section des condamnés à mort. Ils ont déverrouillé une porte, et m'ont fait entrer; puis ils ouvrirent une autre porte faite de gros barreaux. Là, ils m'ont attaché une jambe à une chaîne reliée à l'anneau du plancher comme à un animal. Le lit consistait en une rangée de deux par quatre directement sur le plancher. C'est sur ce lit de bois que je devais dormir, sans aucune lumière installée. À midi, on m'a apporté mon repas. Je pouvais l'atteindre seulement si je rampais pour aller le chercher. Ce repas consistait en patates, mélangées à de la confiture de fraises. Le soir, trois tranches de pain et une gamelle d'eau; la même chose pour le déjeuner. On m'avait mis à un régime spécial. Ironie du sort, il y avait quelques mois seulement, je revendiquais de meilleurs repas pour les détenus de Hull et j'avais eu gain de cause. Le soir, on frappa sur le mur de ma cellule et je répondis. Quelqu'un me demanda ce que j'avais fait pour être là et je lui dis que je m'étais battu. Je lui demandai :

— Toi, qu'est-ce que tu as fait
— Nothing.
— Comment ça?
— I've been condemned for having killed three men in Gaspé. But I am not guilty[1].

J'ai su plus tard que son nom était Wilbert Coffin. À différentes occasions, j'ai réussi à parler avec lui. Il devenait

---

1. J'ai été condamné pour avoir tué trois hommes à Gaspé. Mais je ne suis pas coupable.

nerveux et il marchait beaucoup dans sa cellule. J'appris que son exécution avait été fixée au 10 février 1957. Il ne croyait plus qu'il pourrait bénéficier d'un autre sursis. Durant la nuit, les portes de nos cellules s'ouvrirent et quatre ou cinq policiers, membres de la «Goone Squade», ont sauté sur moi. Quand ils ont refermé les portes, j'étais inconscient. À mon réveil, j'avais mal partout. Je pensais avoir des côtes brisées et un bras fissuré.

Trois jours plus tard, on me ramena dans l'aile E. J'étais dans la cinquième cellule du deuxième étage. Par ma fenêtre, tout ce que je pouvais voir, c'était l'infirmerie et la potence qui étaient situées entre deux ailes.

Quelques semaines plus tard, on me fit travailler pour un monsieur Chouinard qui était le responsable d'une salle de travail. C'est dans cette salle que j'ai appris à tricoter des bas de laine. On travaillait à la machine de huit heures et demie à trois heures et demie de l'après-midi et on avait une heure pour dîner. À trois heures trente, je retournais dans ma cellule où j'étais enfermé à clef jusqu'au lendemain matin, excepté le samedi et le dimanche, où nous restions en cellule toute la journée. Dans la porte, il y avait un trou de la grosseur d'un vingt-cinq cennes. Il était à la hauteur de la figure et nous pouvions regarder le couloir. Autrement, c'était la solitude complète. Au même étage, face à ma cellule, il y avait un jeune homme qui faisait de la prostitution; il était de connivence avec un gardien qui lui trouvait des clients. Le gardien ouvrait sa cellule, enfermait le client avec le jeune, et après une vingtaine de minutes, allait chercher le client pour le ramener à sa cellule. Il passait ensuite à un autre client. Ce petit jeu commençait à attirer l'attention de plusieurs personnes. Un dimanche, je l'ai surveillé et j'ai compté dix clients dans l'après-midi. Le gardien touchait sa part d'argent à la fin de la journée.

Le bon chef-cuisinier

En date du 23 décembre 1956, les gardiens de la prison de Bordeaux gagnaient 37,50 dollars par semaine. Le chef-cuisinier Théo L. lui, gagnait 55 dollars. Ce jour-là, pour arrondir son budget, il se débita un morceau de steak d'environ six livres. Il l'enveloppa dans du papier ciré et l'attacha à la chaîne du collet de son manteau d'hiver. Il sortit de la cuisine enveloppé de son manteau en criant :
— Joyeux Noël! Happy New Year!
Il passa ainsi le corridor de la salle des visites et de l'infirmerie. À la sortie, il dut faire face au bureau des membres de la Goone Squade de la Sûreté provinciale.
— Joyeux Noël! Merry Christmas! Joyeux Noël! dit-il en se penchant légèrement pour atteindre la poignée de la porte de sortie.
Soudain, la chaîne de son collet se brisa et le morceau de viande tomba. Aussitôt, Théo fut entouré de policiers. Ceux-ci ont bien ri. Mais vu qu'ils étaient plusieurs à avoir été témoins de l'incident, ils ont été obligés de faire un rapport et notre chef-cuisinier perdit son emploi. Il fut réengagé comme gardien.
La veille de Noël, je fus réveillé par un bruit infernal. Tous les détenus frappaient dans leur porte avec leur gamelle. À minuit, c'était Noël. Ils auraient aimé être ailleurs et c'était leur seule façon d'exprimer leur amertume. Pendant quelques instants, j'ai revu mes noëls d'enfant. C'était comme si un film se déroulait dans ma tête et j'ai senti les larmes couler sur mes joues. C'est ce qui m'a ramené à la réalité. Je ne voulais surtout pas que quelqu'un me voie pleurer. Mais dans ma tête, cette nuit-là, je me disais : «Les chiens sales, si je sors d'icitte, y vont me payer ça».

Chapitre VII

LE CONDAMNÉ À MORT

MON voisin de cellule me dit que, bientôt, Wilbert Coffin[1] serait pendu. Je lui dis que nous nous étions parlé lorsqu'on m'avait envoyé au cachot et qu'il m'avait semblé plutôt sympathique. Au début de février, Coffin fut placé dans la cellule des condamnés à mort, près de la potence. Lorsque le bourreau arriva, celui-ci le mesura, le pesa, puis prépara la potence. Je le voyais de ma cellule; on avait enlevé les prisonniers des quatre premières cellules; j'étais toujours dans la cinquième.

Un détenu enlevait les crottes des pigeons autour de la potence et le bourreau s'exerçait avec un sac de sable pour voir si tout fonctionnait. Il fit également placer une toile autour de la potence dans le but d'éviter le vent et le froid. La veille de son exécution, Coffin devint de plus en plus nerveux. On venait de lui refuser le droit de se marier. Pourtant, il voulait seulement

---

1. Coffin avait été condamné à mort pour le meurtre de trois chasseurs américains tués en Gaspésie, Eugène Lindsay, Richard, son fils de 17 ans, et Frédéric Claar, 19 ans. Au début, Coffin fut détenu à la prison de Québec d'où il s'évada. Sur les instances de son avocat qui lui fit comprendre que son évasion était une preuve de culpabilité, il se rendit à la police puis fut transféré à la prison de Bordeaux, que l'on appelait la prison du Bas du Courant.

légitimer le fils qu'il avait eu dans une union libre avec Marion Pêtrie. Il avait de violentes sautes d'humeur, suivies de grands moments de silence. Puis, le 9 février 1957, dans l'après-midi, il s'informa à nouveau des possibilités d'obtenir un autre sursis, lequel lui fut refusé. La veillée fut lugubre.

L'aumônier Pollard avait consacré sa soirée à Coffin et l'avait préparé à sa pendaison. Vers minuit, je fus réveillé par des voix graves qui disaient :

— Je crois en Dieu, le Père tout-puissant, Créateur du ciel et de la terre...

Ces voix dérangeaient le calme mortel qui régnait à l'intérieur de l'aile. C'étaient les policiers, les jurés et les témoins qui se préparaient à assister à la pendaison.

Potence de Bordeaux
Photographie prise par le directeur de la prison, monsieur Arthur Fauteux

Sur les lieux de la potence, un gardien attacha les deux pieds de Coffin avec une lanière de cuir et fit la même chose avec ses mains. Après, il lui enleva ses menottes et ses chaînes pour qu'il y ait le moins possible de marques sur le corps. Puis, le gouverneur, le docteur Zénon Lesage, a lu la condamnation et a demandé à Coffin s'il avait quelque chose à dire avant que celle-ci soit mise à exécution. Coffin se tourna vers l'aumônier Pollard et lui dit d'un air suppliant :

— I am not guilty. May God have mercy on my soul[1].

Ce furent ses dernières paroles. Une cagoule noire fut placée rapidement sur sa tête; puis le câble d'un pouce de circonférence ajusté autour de son cou. Le bourreau mit le pied sur la pédale et les deux portes se sont ouvertes sous ses pieds. Coffin fut projeté dans le vide. Cela fit un bruit d'enfer. Quand il arriva au bout du câble, toute l'aile a vibré. De ma fenêtre, avec un morceau de miroir au bout du manche de ma brosse à dent, je voyais le corps de Wilbert se tordre violemment au bout du câble. Il résistait. Puis ses muscles se relâchèrent et son corps se vida dans son pantalon. Le glas sonnait des coups réguliers et sourds, tout au long de la pendaison. Tous les détenus se sont mis à frapper contre leur porte de cellule avec leur gamelle en criant :

— Assassins, assassins.

Quand le bourreau a vu les pieds de Coffin pointer vers le sol, il a fait signe à deux détenus (à qui on avait offert un repas spécial pour leur aide) de soulever le cadavre encore chaud de Coffin, et il coupa la corde. Ensuite, il descendit près du cadavre et reprit le morceau de câble (qui pour finir serait

---

1. Je ne suis pas coupable. Que Dieu ait pitié de mon âme.

envoyé à un musée; l'autre bout brûlé à la forge de la prison de Bordeaux et la cagoule récupérée pour éventuellement être utilisée encore). Puis le coroner constata la mort. Les jurés étaient toujours dans le passage qui menait à la potence. En les entendant marcher, les détenus se mirent à crier :

— Coffin est mort! Vive Coffin! Écœurants de chiens sales, enfants de chiennes, police pourrie, assassins sales, *screw* pourri.

Enfermés dans leurs cellules, ils étaient impuissants face à une telle sanction. Mais rien ne pouvait ramener Coffin à la vie. Enfin, le glas s'arrêta. Il régnait un silence de mort. (Deux autres personnes seront pendues par la suite. Puis cette sinistre mascarade cessera et il n'y aura plus de pendaison au Canada).

La gamelle
Photographie : André Kouri

Tel un lion en cage, je me suis promené une partie de la nuit. J'avais une idée fixe. Les policiers étaient des chiens, des *screw*, des sales. Un jour, il faudrait qu'ils paient pour la mort de Wilbert Coffin.

Le lendemain, le drapeau noir a été hissé à mi-mât pour signifier que «justice» avait été rendue.

Je demandai à mon gardien, monsieur Chouinard, si je pouvais aller voir le corps de Coffin. Il me dit :

— Oui, mais fais ça vite.

Je suis entré dans la chambre où était le cadavre. On avait laissé les fenêtres ouvertes pour que le froid puisse pénétrer et conserver le corps. Je remarquai que le câble n'avait laissé que très peu de traces sur le cou de Coffin. C'était comme s'il avait été pincé, bleu, rose, rouge et noir parce que le câble était placé par-dessus la cagoule. Je regardai autour de moi, puis je mis ma main sur son épaule, comme si je le connaissais vraiment. D'ailleurs, je me sentais très près de lui et, spontanément, je fis un signe de croix. Je ne sais pas pourquoi car, depuis que j'étais sorti de l'école de réforme, je ne croyais plus en Dieu. Je retournai à ma salle de travail, découragé, mais avec l'espoir qu'un jour, je vengerais Wilbert Coffin. J'avais tellement de haine en moi que je ne pouvais plus raisonner clairement. Jamais je n'ai cru que Coffin avait tué ces trois chasseurs. J'avais la ferme conviction qu'on venait de pendre un innocent.

Chapitre VIII

LA SÉRIE NOIRE CONTINUE

U N jour que j'étais chez le barbier, je fus témoin d'une dispute entre deux détenus qui me semblaient pour le moins bizarres. Bruno M., et une autre personne du nom de Claude Saint-J., engageaient un pari pour savoir lequel des deux le premier mangerait les pissenlits par la racine. Les deux étaient accusés de meurtre.

Au moment de l'arrestation de Bruno, les journaux n'avaient pas manqué de publier sa photo et, pour lui donner un air plus gangster, on l'avait pris en compagnie d'Eddy S. et de Frank C.

Claude était accusé d'avoir tué un gars dans une bagarre à la sortie d'un club de nuit, et Bruno d'avoir tué Eddy Sauvageau parce que ce dernier avait eu une relation avec son amie. Pour éviter un procès qui aurait coûté très cher, Bruno a bu une dose mortelle de somnifère. Peu après, il s'est jeté dans les bras du père Pollard en disant :

— Padré, je vais mourir.

Il tomba. On le conduisit à l'hôpital où on lui fit un lavage d'estomac. Mais il rendit l'âme le soir même, le 6 mars 1957. Il fut enterré dans un cercueil de verre.

Quelques jours avant de se suicider, vers le 2 mars, Bruno avait écrit une lettre à sa mère, dans laquelle il lui disait qu'aucun membre de sa famille n'aurait la honte de se faire dire «C'est ton frère qui a été pendu.» Parce que tu sais, maman, je suis plus chanceux que bien d'autres personnes, moi. Je sais exactement la journée où je vais mourir.

Claude écopa d'une sentence de douze ans au pénitencier Saint-Vincent-de-Paul. Aujourd'hui, il a purgé sa peine et il se débrouille très bien dans la société. J'appris également que Robert Dagenais, le petit gars que j'avais connu à l'école de réforme, avait été renvoyé au pénitencier avec une peine de cinq ans à purger pour vol par effraction.

Un jour, on me demanda d'aller avec monsieur Dupuis (détenu plombier) réparer des robinets défectueux dans l'aile D, section des fous dangereux. En pénétrant dans cette section, je vis deux hommes attachés par une camisole de force. Ils étaient couchés, attachés sur une civière, couverts d'un drap et d'une couverture. Un morceau de plastique leur retenait la langue. Ils semblaient inconscients. Je demandai à monsieur Dupuis ce qui avait pu leur arriver; il me dit que ces deux malades venaient de recevoir des électrochocs. Apparemment, cela se faisait de façon assez régulière. Nous descendîmes à l'étage inférieur, où trois gardiens avaient sorti un malade, George H., de sa cellule, pour la nettoyer. Ce dernier attendait nu, près de la porte. C'était une cellule complètement capitonnée, y compris la porte. Il n'y avait aucun meuble ni cabinet d'aisance, rien qu'un trou dans le plancher qu'on arrosait de temps à autre, soi-disant par mesure d'hygiène. George H. était détenu pour avoir blessé son épouse et tué ses enfants à coups de marteau, en banlieue de Québec.

Un certain monsieur Grenier, de Hull, détenu à cet endroit, décida, pendant un moment de lucidité, de se suicider. Il se rendait compte qu'il était dans une situation sans issue. Il réussit donc à se procurer un clou, avec lequel il s'arracha les veines du poignet; il mourut, exsangue. On retrouva son cadavre le lendemain matin, à l'heure du petit déjeuner.

Une autre fois, un des malades, en pleine crise, frappa un gardien à la figure avec un os de steak qui lui perfora la joue pour ressortir en-dessous du menton. Il va sans dire que ce malade reçut des gardiens, par la suite, un médicament non prescrit par la médecine...

Dans cette aile, c'était vraiment une vie d'enfer. On pouvait s'attendre à n'importe quoi, tant du côté des gardiens que de celui des détenus. Le désespoir qui habitait ces détenus dans leurs moments de lucidité était inimaginable. Plusieurs avaient essayé de s'enlever la vie. Tous les moyens étaient bons. Les hurlements de terreur étaient monnaie courante.

Souvent, quand l'anxiété atteignait son paroxysme, un des détenus se mettait à marcher à toute vitesse dans sa cellule et, tout à coup, se frappait la tête contre le mur capitonné, gestes qu'il recommençait à longueur de journée. Il semblait coincé dans une crise et il enrageait de plus en plus. C'était vraiment déprimant.

*

*   *

Plus le jour de ma libération approchait, plus je me promenais de long en large dans ma cellule. Je songeais à ce que je pourrais faire pour régler le compte de mes ennemis jurés, les frères de l'école de réforme, puis monsieur Robert et un certain chef de police de Maniwaki, Hachille T., qui m'avait frappé pendant que j'étais attaché, croyant, parce qu'il était représentant de l'autorité, qu'il pouvait tout faire pour me dégrader.

Enfin, le grand jour arriva; du même coup, j'en oubliai ma vengeance; j'étais heureux de retourner chez mes parents. Je cherchai de l'emploi, mais, lorsqu'on me demandait le lieu de mon travail précédent, ou si j'avais des références, j'aimais mieux tourner les talons.

Mon père finit par me trouver une job au même endroit que lui, et qui consistait à livrer du charbon. Un jour, nous en avions dix tonnes à livrer. Je n'expliquerai pas en détail tout ce qu'il fallait faire pour rentrer le charbon dans la cave; mais c'était toute une acrobatie et une job écœurante. Nous avions néanmoins réussi, ce jour-là, à livrer dix tonnes dans la cave d'une bonne femme. Le lendemain, croyez-le ou non, elle rappela pour demander qu'on retourne chercher le charbon parce que le monoxyde de carbone empoisonnait ses petits oiseaux domestiques, de toutes les couleurs, dont elle faisait l'élevage.

Je décidai donc de quitter mon emploi. Je continuai à faire ce que je connaissais le mieux, des vols par effraction, et je me fis arrêter encore une fois.

Le 28 février 1958, je fus condamné à deux ans. La même journée, je signais un papier autorisant mon transfert de la prison de Hull au pénitencier Saint-Vincent-de-Paul. Encore une fois, j'étais enragé. Je pleurais, blâmais tout le monde, à part moi, bien sûr.

Je partis donc de la prison de Hull vers trois heures et arrivai au poste de police provinciale de la rue Saint-Gabriel, à Montréal. Durant la soirée, il y eut un grand remue-ménage. Les policiers avaient fait monter deux jeunes hommes au deuxième étage où j'étais. Il s'agissait de Joey et Ronald Hamb. Ils avaient tiré sur un policier provincial, le blessant à l'épaule.

Ronald était dans une cellule lors de son interrogatoire. On l'avait passé à tabac. Quand il tomba par terre, un détective se chargea de le relever d'un coup de pied en pleine figure, lui arrachant un oeil qui pendait sur sa joue.

La violence n'existe pas seulement chez les détenus. Dans l'affaire de Joey et Ronald, les policiers voulaient défendre leur confrère et, la haine aidant, la vengeance a été terrible. L'autorité n'est pas plus à l'abri de ces sentiments que le criminel. À la violence, l'humain répond par la violence.

Chapitre IX

LE MONSTRE DÉCHAÎNÉ

L E lendemain matin, je fus conduit au pénitencier Saint-Vincent-de-Paul. Comparativement à la prison de Bordeaux, Saint-Vincent-de-Paul est la grande école du crime; j'allais donc graduer. Juste avant d'entrer, je regardai tout autour de moi le stationnement, les grands murs et le garde qui surveillait notre arrivée, carabine à la main. Je montai les marches, pieds enchaînés et menottes aux mains. Il était onze heures trente.

Lorsque la porte se referma sur nous, un gardien nous enleva nos chaînes puis nous fit passer à l'infirmerie où nous dûmes nous déshabiller. Un infirmier muni d'un gant de caoutchouc m'a dit :

— Ouvre tes fesses et penche-toi en avant.

Il me rentra un doigt dans le rectum pour voir si je n'y avais pas caché de la drogue. Ensuite, il nous dirigea vers la salle des douches. Pour finir, le barbier nous coupa les cheveux en brosse. Si un détenu avait un paquet de tabac à donner au barbier, il pouvait garder sa coupe de cheveux naturelle. Finalement, on nous donna des vêtements, qu'ils nous aillent ou non. Arrivés à l'administration, on nous remit deux paquets de tabac «Macdonald» avec du papier à rouler, puis on me dit :

— Maintenant, t'es le numéro 2856.

On me remit ce numéro à coudre sur ma chemise et sur le dessus de la poche arrière de mon pantalon. À l'administration, je regardai au-dessus d'une porte. C'était écrit : «Ici, on plie le fer». Je perçus ces mots comme une provocation. Dans la cour, deux détenus passaient en courant avec un de leurs confrères étendu sur une civière, la tête toute pleine de sang. Il avait reçu un coup de crosse de carabine par un garde à cheval pendant qu'il essayait de s'évader de la carrière de roche. Quand nous sortîmes de la cour, j'entendis quelqu'un crier de la fenêtre de la shop :

— Salut, Laflamme. C'est Pépé. Je vais te voir à la marche tout à l'heure.

On arriva au dôme. Le dôme, c'était une espèce de grande salle circulaire vers laquelle convergeaient toutes les cellules. À cet endroit, il y avait un responsable et des gardes. Il n'y avait aucune communication entre gardiens et détenus, aucune chaleur humaine; les gardes étaient tous austères et froids. Je compris que ce serait le jeu du chat et de la souris.

À quatre heures, muni de mon souper, pour la première fois, je fus conduit à ma cellule. Avant d'entrer, j'avais vu qu'il y avait une petite carte bleue au-dessus de ma porte où était écrit : «numéro 2856 - sentence deux ans». Le gardien referma la porte derrière moi et il fit signe à un autre gardien qui était à l'autre extrémité de l'aile de rouler une grosse roue qui barrait les portes des cellules. Pour la première fois, j'étais seul dans cette petite cellule, et entouré de tonnes de ciment et de fer. J'avais le cœur gros. Je commençai à examiner l'intérieur. Je vis que le plancher était très usé par endroits, comme si quelqu'un avait fait les cent pas bien souvent. Je me demandai combien de petits gars de l'école de réforme étaient passés ici avant moi. Dans ma cellule, il y avait une petite table qui s'accrochait au mur, un lit et un «buck» pour y faire nos besoins.

Cellule à Saint-Vincent-de-Paul
Photographie : archives du Bureau du Solliciteur général du Canada

La roue

Un des détenus, Trusty, à qui les autorités pouvaient faire une certaine confiance, occupait un emploi de «runner». Lorsque le «deputy» sonnait une cloche, le gardien déverrouillait les cellules du premier étage en faisant tourner la roue. Le «runner», lui, était à l'autre bout de l'aile et il s'en venait en courant dans le passage. Il donnait des tapes sur la poignée de porte de chaque cellule en la soulevant. Le détenu, dans sa cellule, n'avait qu'à pousser dessus pour que la porte s'ouvre. Le jeu se répétait, étage après étage.

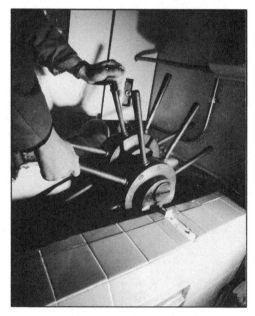

**Un détenu belge, Isidore Maréchal,
avait inventé un mécanisme ressemblant à une roue
qui permet de fermer ou d'ouvrir simultanément toutes
les portes des cellules dans une aile.
Maréchal a reçu son pardon pour son invention.**
Photographie : archives du Bureau du Solliciteur général du Canada

Moi, j'avais porté ma cause en appel. J'étais certain que mon avocat obtiendrait ma libération avant terme. J'avais refusé de témoigner dans ma propre cause pour ne pas nuire à mes amis. Je me mis à me promener sur mon petit boulevard, comme je l'avais baptisé. Après une couple d'heures, je baissai mon lit qui était accroché au mur et je m'étendis. Silencieusement, je me mis à pleurer comme un petit enfant, me repliant sur moi-même. Je ne pouvais pas réaliser que j'étais détenu parce que j'avais fait quelque chose de mal. Finalement, je m'endormis.

Psychologiquement, ma situation me portait à ne pas accepter ma sentence : je blâmais tout le monde pour ce qui m'arrivait. Je pensais que les journalistes m'avaient noirci dans leurs journaux, que le policier était un chien parce qu'il m'avait

Cellules du premier étage, à Saint-Vincent-de-Paul
Photographie : archives du Bureau du Solliciteur général du Canada

arrêté; l'avocat, c'était un bon à rien parce qu'il travaillait avec la police et qu'il n'avait pas su me défendre. Encore une fois, c'est avec des idées de vengeance et de haine que je commençais à purger mon temps.

Les cellules étaient plus éclairées puisque les portes étaient faites de barreaux, tandis que dans d'autres établissements, elles étaient pleines. Cependant, pour les détenus qui étaient à l'intérieur et qui regardaient les barreaux à longueur de journée, ces barreaux devenaient une obsession. Pour certains, les barreaux représentaient des années, des mois à expier. Pour d'autres, les derniers jours ou même les dernières heures de leur sentence.

Tous communiquaient d'une cellule à l'autre. On s'envoyait des messages au moyen du cheval, talon de chaussure auquel

Le cheval
Photographie : André Kouri

on attachait une corde. L'expéditeur frappait sur le talon avec un manche à balai, ce qui faisait glisser le talon sur le plancher de l'aile. Quand le talon s'arrêtait devant une cellule, le destinataire frappait dessus jusqu'à ce qu'il se rende à destination. De cette façon, on pouvait communiquer entre nous toute la soirée.

On avait aussi un petit poêle fait avec du plâtre et un élément. Si un détenu était pris avec un poêle, on pouvait lui ajouter dix jours de peine.

Un matin, un des gars demanda à un jeune homosexuel que tout le monde appelait Johanne :

— Pourquoi t'es icitte, toé?

Sa réponse ne se fit pas attendre.

— Moi, mon ami, c'est surtout à cause des viandes.

L'homosexualité était très répandue au pénitencier. Maurice M., de Hull, me dit :

— Aye André, on va être ben icitte, y a des femmes.

Je ne fis aucun commentaire. À l'intérieur, il ne se passait pas une journée sans qu'il n'y ait un incident plus ou moins grave ou cocasse. C'était la jungle.

Peu après mon entrée, un détenu qui travaillait à l'extérieur des murs, Donald P., arracha une carabine 303 des mains d'un gardien. Le garde, de faction sur la tour, se mit à tirer sur lui; le détenu se réfugia dans une maison toute proche où il prit en otage la femme du directeur adjoint, madame Ponting. La sirène se mit à hurler et on nous confina à nos cellules. Grâce à la radio, il nous fut possible de suivre le cours des événements. Fenchie Jarraud, animateur de radio bien connu, fut le médiateur entre les deux parties. En peu de temps, la prison et les alentours fourmillèrent de policiers et de gardiens. J'étais certain que Donald se ferait tuer, n'était-ce que pour nous servir d'exemple. Vers vingt heures, il fit venir un souper de barbecue. À vingt-deux heures, il exigea qu'on lui amène une auto. Les autorités acceptèrent. À vingt-trois heures, l'auto approcha de la maison. Il en sortit avec son otage et la fusillade éclata. Madame Ponting fut gravement blessée à l'estomac. Donald P. fut aussi blessé et battu à coups de crosse de carabine. Il survécut et madame Ponting aussi, mais seulement après plusieurs heures sur la table d'opération.

J'étudiais la possibilité de m'évader. Je songeais à me cacher dans le camion à déchets. Or, après que le camion avait fait son stop à la porte, deux gardes s'en approchaient et en faisaient le tour en l'examinant avec soin. Puis, l'un, à l'aide d'un miroir, examinait le dessous du camion, et l'autre projetait à tour de bras une barre de fer pointue en la faisant pénétrer dans les déchets... Je me suis alors vu caché dans les ordures et il va sans dire que je changeai d'idée.

Porte Ouest, à Saint-Vincent-de-Paul
Photographie : archives du Bureau du Solliciteur général du Canada

Tous les lundis matin, je me rendais à la consultation des malades parce que j'avais mal entre les orteils. Un médecin me remit une aspirine. En regardant le docteur, j'ôtai ma bottine et mon bas et je plaçai l'aspirine entre mes orteils. Je remis ensuite mon bas et ma bottine, et repartis en boîtant. Les gars qui étaient présents avaient bien ri.

Je suis allé prendre ma douche. À cet endroit, il n'y avait rien qu'une demi-porte pour que le gardien, posté dans la cage, puisse exercer une surveillance. Soudain, mon sixième sens me donna l'alerte. Je sentais des yeux sur moi et j'entendis un rire stupide. Je me retournai et je vis que c'était La Caron qui me reluquait. Il avait un essuie-main blanc autour de la taille. J'embarquai aussitôt sur la défensive en serrant les dents. Je lui dis :

— Mon sacrament! T'es mieux d't'en aller ou je vais te passer au couteau.

Il quitta les lieux. J'avais eu pour parce que sa réputation d'homosexuel était bien établie, et je n'avais même pas de couteau à portée de la main. Je songeai qu'à l'avenir, il serait bon de toujours en avoir un sur moi.

Il me semble bien petit, le vol par effraction que j'ai commis, comparé à la peine que je dois purger. La mélancolie fait partie de ma routine de tous les jours... Aujourd'hui, un vieux détenu est mort. Qui est-il? Personne ne semble le savoir. Quel crime a-t-il commis? C'est du plus profond mystère. Après tout, ça fait tellement longtemps qu'il est ici, que personne ne semble se souvenir de lui. On pourrait facilement le comparer au vieux bâtiment de la place. Parce que le corps n'a pas été réclamé, les gardiens l'ont habillé avec ses vêtements usagés et ils l'ont exposé dans «la vieille cadillac», nom qu'on avait donné au vieux cercueil tout défraîchi, lequel servait à exposer les corps des détenus qui n'étaient pas réclamés. À plusieurs endroits, le papier qui recouvrait l'intérieur du vieux cercueil se décollait, et cela donnait un cachet particulier au détenu qui l'occupait...

Pendant ce temps, mon programme de tous les jours se poursuivait. Levé à 7 heures 30, je prenais d'une main la chaudière qui me servait de toilette et, de l'autre, le cabaret de mon souper de la veille. Puis j'attendais derrière la porte de ma cellule que le directeur sonne la cloche qui signale l'ouverture des portes des cellules. Un coup de cloche, deux coups... Enfin mon plancher. J'entendais tourner la roue qui déverrouille les portes. Le «runner» courait dans le passage et donnait un coup sous ma poignée de porte. De mon épaule, je la poussais. Puis je descendais les escaliers, traversais le dôme, suivant en silence les autres détenus. Arrivé trop tôt, j'attendais dans la file par un froid glacial. Je vidais les excréments de ma chaudière et la rinçais. J'y ajoutais quelques tasses de chaux blanche pour tuer les odeurs, puis je continuais vers la cuisine pour y déposer mon cabaret de la veille. Un peu plus loin, je ramassais le cabaret du déjeuner et continuais dans un couloir qui débouchait sur le dôme.

Ce matin-là, je jetai un coup d'œil dans le coin. Le cadavre du vieux détenu gisait toujours dans «la vieille cadillac». Je fis un petit salut dans sa direction; mais dans ma tête, tout s'embrouillait. Devais-je dire une petite prière pour lui? Je me tus. Je me tus parce que ça n'aurait servi à rien. Dans ce lieu perdu, Dieu n'entendrait sûrement pas...

Durant la nuit, je m'assis par terre et regardai les ombres voyager sur les murs. J'imaginais des nuages filant sous la lune, projetant de fausses lumières, allant du plus pâle au plus foncé. Cependant, pour moi, le soleil s'était éteint à tout jamais à l'horizon, comme pour le vieux détenu dans son cercueil noir.

Trois jours plus tard, de grand matin, les gardiens placè-
rent le vieux cercueil dans la caisse d'un petit camion. Au cime-
tière, ils retirèrent le cadavre du cercueil et le mirent dans un
sac de toile. Comme un vieux chien mort, ils laissèrent tomber
le cadavre dans une fosse commune. Puis on ramena «la
vieille cadillac» au pénitencier pour s'en servir à nouveau.

Aujourd'hui, on peut retrouver ce vieux cercueil au musée
du pénitencier de Kingston, en Ontario.

La buanderie... si les murs se mettaient à parler
Photographie : archives du Bureau du Solliciteur général du Canada

Chapitre X

À L'OMBRE DU MUR

J E m'entraînais pour un combat de boxe. Je faisais mon jogging quotidien le long des murs. Un jour, de l'extérieur, j'entendis des cris d'enfants qui s'amusaient. Je m'arrêtai et je tendis l'oreille. C'était comme si je volais une parcelle du monde qui m'était défendue; mon cœur battit très fort dans ma poitrine. La voix d'un enfant fait toujours vibrer une petite corde à l'intérieur de soi. Même chez les plus endurcis. Je regardais autour de moi; j'étais seul à part le gardien qui faisait les cent pas sur le mirador. Je m'adossai au mur pour mieux entendre les voix. Je me laissais bercer par ce petit moment de tendresse. C'était comme si, tout à coup, je prenais conscience, qu'à l'extérieur, le monde continuait d'exister. Puis le garde me cria de ne pas rester là. Il m'a fallu à mon grand regret terminer mon entraînement sur cette note.

Mon combat contre Coco L., je l'avais gagné par un point. Après le combat, Coco s'affaissa dans son coin et on a dû le sortir sur une civière. Par la suite, Coco devint comme un zombie.

Pendant ce temps, selon des rumeurs qui circulaient, il y aurait bientôt une émeute. Nous ne parvenions pas à savoir qui en était l'instigateur. C'était un bruit qui courait, le mot se passait.

Un jour, en me dirigeant vers ma cellule, je trouvai un pigeon qui n'avait pas encore de plumes. Il était tombé de son nid. Il gisait dans le corridor. Tout de suite, je le pris et le cachai sous ma chemise. Rendu à ma cellule, je lui donnai un nom : «Si Joli». Pour moi, il était beau et c'était mon copain. Je trouvai une boîte et lui fis un petit nid. Je le nourris comme une mère. Je mâchais de petits morceaux de mie de pain. Après que j'en avais fait une pâte, je lui en faisais manger avec ma bouche. Petit à petit, il prenait des forces.

De temps à autre, j'avais de violents maux de tête. Était-ce par suite des coups que j'avais reçus des agents de la Goone Squade, à Bordeaux, ou pendant mon combat de boxe? Il me semblait que des éclairs traversaient mon cerveau.

*

*   *

Noël déjà. On dirait que le printemps et l'été sont moins pénibles à supporter. Peut-être parce qu'alors nos sorties sont plus fréquentes et aident à nous détendre. Mais vraiment, la période des fêtes influence beaucoup notre caractère. Pourtant, je n'en étais pas à mon premier Noël entre les murs. La solitude me pesait tellement que même mon petit pigeon ne parvenait pas à me distraire.

J'étais également inquiet; je n'entendais plus parler de mon avocat, ni de ma demande en appel. Je décidai donc d'écrire au Barreau du Québec pour savoir ce qui se passait. On me répondit que mon avocat aurait dû m'informer qu'une loi avait été adoptée trois mois avant mon procès statuant que tout individu qui n'a pas témoigné à son propre procès n'a pas de droit d'appel. Lorsque je sus cela, je demandai à mon voisin

de cellule de m'alder à remplir ma demande de libération conditionnelle. On m'avait bien dit de ne pas me faire d'illusions;
mais pour moi, c'était comme si j'avais déjà gagné.

Le même soir, un nouveau détenu était dans l'autre cellule. Il s'appelait Michel. Il avait près de dix-huit mois de faits
au Cell Block 2, et cela sur une condamnation à cinq ans, pour
fraude. Auparavant, il avait déjà purgé une peine de deux ans
pour la même accusation.

Il me dit qu'il venait de l'infirmerie où il avait passé cinq
jours après avoir été agressé sexuellement par un autre
détenu, du nom de Léopold D. Michel n'était pas très costaud,
et ce cochon de Léopold avait profité de lui.

Depuis que Michel était au pénitencier, il pensait avoir le
soutien de son épouse qui l'attendait avec ses deux petits. Il
me disait que sa femme devait venir lui rendre visite le jeudi
suivant. Il avait bien hâte. Le fameux jeudi arriva. Michel fut
convoqué à la visite... À son retour, il était plutôt maussade. Il
avait parlé à sa femme à travers un grillage. Elle lui avait dit :

— Tu sais Michel, je t'aime. Mais ce n'est plus comme
avant; toi, en dedans et moi, en dehors. Je ne sais plus, je suis
bien embrouillée. J'ai de plus en plus de misère à avoir des
«rides» pour venir te voir. Trois-Rivières, c'est pas à la porte.
Aujourd'hui, c'est Claude qui m'a donné une «ride».

En entendant ce nom, Michel lui dit :

— Bien voyons donc! T'es pas venue jusqu'ici avec lui?

Elle baissait la tête en signe d'affirmation.

— C'est un maquereau d'eau douce, tu le sais. Cours pas
après les problèmes.

— Voyons donc, t'as pas besoin d'avoir peur; y a pas de
danger.

Dans la soirée, pendant qu'il me parlait de sa visite, le gardien qui passait le courrier lui dit:

Le parloir
Photographie : archives du Bureau du Solliciteur général du Canada

— Aye, tu as eu de la visite aujourd'hui?

— Oui, ma femme est venue me voir.

— Oui, je sais. Elle a dû être pas mal chaude à la visite, parce que le garde sur la tour l'a vue. Elle faisait l'amour avec le gars qui l'accompagnait en attendant l'heure des visites.

Michel saisit sa gamelle d'eau et la lança au gardien.

— Va-t-en d'ici, mon hostie de chien.

Celui-ci s'éloigna en riant. Michel prit la lettre; elle venait de sa femme. Elle lui demandait le divorce et voulait refaire sa vie. Elle voulait aussi faire placer les enfants. Pour Michel, les jours suivants furent un enfer. Il ne pouvait accepter son sort. À Saint-Vincent-de-Paul, avec la mentalité des gardiens, pas de téléphone, aucune réponse à ses lettres, et la malle qui était censurée, Michel était impuissant. Tout semblait arriver en même temps.

Enfin, Noël allait passer. Le même rituel qu'ailleurs. Les détenus fêtaient à leur façon, bruyamment. Il ne restait plus qu'à attendre une réponse à ma demande de libération conditionnelle. Je m'accrochais à l'idée de sortir. Je devins tellement fébrile que je marchai sur mon petit boulevard sans arrêt, pendant huit longs jours. J'étais certain d'obtenir une réponse positive. Je m'y préparais mentalement. Un soir, vers sept heures, un gardien déposa une enveloppe brune sur ma porte de cellule, puis continua sa tournée. Nerveux, j'ouvris l'enveloppe; mes mains tremblaient. J'étais certain que ma bonne conduite m'avait donné droit à ma libération. Je sortis de l'enveloppe un petit bout de papier rose sur lequel on avait écrit «refusal». Encore une fois, je me suis dit : «Mes enfants de chiens! Mes enfants de chiennes! Un jour, vous allez me payer ça». Une tonne de briques m'était tombée sur la tête; j'étais abattu, écrasé.

Ce soir-là, je marchai sur mon petit boulevard jusqu'à l'épuisement total. Toutes sortes d'idées me passèrent par la tête, toutes engendrées par la haine. On aurait pu au moins m'appeler pour me le dire en personne et m'expliquer pourquoi on avait refusé ma demande. On le faisait pourtant bien lorsqu'il s'agissait de représailles. Je ne pouvais pas comprendre. Je réagis en me disant : si la bonne conduite ne sert à rien, je vais leur montrer ce que je peux faire.

Chapitre XI

REVANCHES

LE lendemain, vers cinq heures trente du matin, j'entrai à la cuisine pour y travailler. Je descendis au sous-sol et pris une caisse de cinquante livres de beurre que je vidai par terre. Puis, à l'aide d'un boyau à vapeur, je dirigeai le jet sur le beurre qui fondait et coulait dans l'égout. Soudain, le gardien Joseph arriva et me regarda dans les yeux. Il hocha la tête et continua son chemin. Je crois qu'à ce moment-là, s'il s'était arrêté pour me parler, j'aurais dirigé le boyau de vapeur sur son visage.

Lorsque j'étais enfant, j'avais lu dans un roman de X-13 que tout soldat détenu par les Allemands avait le devoir de faire du sabotage. Voilà donc ce que je faisais à la cuisine. Je prenais des gallons d'essence à liqueur et en vidais les trois quarts dans le lavabo. Et, comme il y avait un miroir devant moi, je pouvais surveiller mon gardien, Speedy. Les détenus l'appelaient ainsi parce qu'il était zélé et dangereux; il cherchait à obtenir des promotions. Un jour, Speedy me demanda :

— Qu'est-ce que vous faites là, détenu 2856?

J'avais toujours une réponse pour lui. Par exemple :

— J'enlève la poussière de sur les gallons d'essence à liqueur, monsieur.

— Parlez-moi de ça, vous. Vous, vous êtes un homme propre, me répondit-il d'un ton moqueur. Il avait toujours un petit sourire narquois.

Un après-midi, je sortis pour la marche et je vis trop tard que c'était mon fameux «screw» Speedy qui faisait la fouille. Quand il mit ses mains entre mes jambes, il me demanda :

— Qu'est-ce que vous avez là, détenu numéro 2856?

Alors, sans trop me pencher, je lui remis la poche de café que j'avais cachée entre mes jambes et que je vendais dans la cour pour trois paquets de tabac, soit l'équivalent d'un dollar. Les détenus préparaient du café dans leur cellule, sur un poêle de fabrication artisanale.

Speedy me demanda de sortir du rang et, ensuite, il me fit parader devant le directeur, le colonel Lebel. Celui-ci n'adressait jamais la parole aux détenus. On me fit mettre au garde-à-vous. Le colonel dit alors au garde :

— Dites au détenu que, devant le directeur, on enlève son chapeau.

Je fis semblant de ne pas comprendre.

— Quand on est devant le directeur, on enlève son chapeau, répéta le gardien.

J'obtempérai en faisant bien attention que les œufs qui y étaient cachés ne tombent pas. Ma sentence s'allongea de trois jours.

À l'heure du dîner, le gardien Achille L. se présenta à la cafétéria et demanda au détenu Ti-Bi de lui faire cuire son steak.

— Comme d'habitude? monsieur L., lui demanda Ti-Bi.

— Oui, oui, c'est ça, lui répondit le gardien, l'air préoccupé, en le renvoyant de la main.

— One Flying Steak, medium rare, coming up! lança Ti-Bi en riant.

Ti-Bi entra dans la section arrière de la cafétéria, s'empara d'un steak qu'il avait déjà passé à la machine. Devant les détenus, il baissa son pantalon, frotta le steak sur son pénis pour ensuite s'essuyer le cul avec. D'un air machiavélique, il lança ensuite le steak en l'air. Le steak, collé au plafond, attendait Ti-Bi qui préparait la poêle à frire.

— Pogne-le! cria un autre détenu en faisant tomber le steak à l'aide d'un manche à balai et en le lançant d'un coup de pied.

Ti-Bi attrapa le steak au vol comme un joueur de premier but et le fit cuire. Puis, retournant voir monsieur L. :

— Des oignons, des champignons ou du piment vert avec votre steak, monsieur L. ?

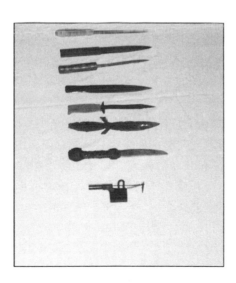

**Couteaux et petit revolver
fabriqués artisanalement**
Photographie : André Kouri

— Oui, oui. Ce serait bon.

Après que monsieur Achille L. eut terminé son repas, Ti-Bi, en desservant la table, lui demanda s'il avait aimé son steak.

— Très bon! mon garçon. Très bon! Je n'ai jamais réussi à faire cuire mon steak bon comme ça.

Il va sans dire que les gars qui surveillaient ce qui se passait étaient morts de rire.

En revenant chercher mon cabaret pour déjeuner, je passais par le dôme pour me rendre à ma cellule. À ce moment, un pigeon qui volait par là me salua en laissant tomber ses excréments dans mon cabaret. Je me rendis alors à la cloche, au centre du dôme, et demandai au gardien Keefer si je pouvais aller changer de cabaret.

Après avoir pris ma cuillère pour enlever les excréments, le gardien me fit signe :

— Mange, maintenant, me dit-il.

Je retournai dans ma cellule où «Si joli» occupait toujours un peu de mon temps. Un jour, il se mit à voler. Je passais des heures à le regarder et j'appréhendais le jour où il s'envolerait vers sa liberté.

Il y avait un détenu au troisième étage, juste au-dessus de ma cellule, qui était souvent vu en train de causer avec des gardiens. Je décidai de le faire cesser. Un matin, mon ami Laurence arriva avec son camion pour ramasser les ordures. J'en profitai pour lui demander de m'apporter deux gallons d'essence. Il accepta. J'avais mon plan. En fait, j'avais deux plans; il ne me restait qu'à les mettre à exécution.

Avant le souper, en montant à ma cellule, je fis des trous dans les boyaux d'extincteurs chimiques. Le lendemain, lorsque Laurence est venu chercher les ordures, un des détenus devait attirer l'attention du gardien pendant que je prenais possession des deux gallons d'essence; je les cachai dans le Stock Room, magasin du pénitencier où je travaillais. Je pris une bouteille de coke et la remplis d'essence. Au goulot, je mis une guenille. Je me rendis près de la cellule du détenu en question, au troisième étage. En dessous de moi, il y avait près de soixante détenus et trois gardiens; un faux pas, et j'étais pris.

Dans la cage, au plafond du dôme, le gardien surveillait toujours. Quand je vis que tout était tranquille, je m'approchai doucement de la cellule; j'allumai la guenille et lancai la bouteille par les barreaux du haut de la cellule. Elle tomba sur le matelas. En quelques secondes, j'avais quitté les lieux et m'étais sauvé à l'arrière de l'aile. Je me laissai glisser au deuxième étage et ensuite au premier. Je surveillais toujours les gardiens; je n'avais pas encore entendu de cris, ni aucun bruit. J'étais hypertendu. Il fallait absolument que les gardiens changent de place. Sinon, j'étais pris. J'entendis un bruit, comme une petite explosion. Les gars se mirent à crier. Je laissai échapper un long soupir de soulagement. Ces quelques secondes m'avaient paru des heures. Tous les détenus criaient en imitant le bruit de la sirène. Lentement, les gardiens quittèrent leurs postes pour voir ce qui se passait. Le feu avait bien pris; la fumée se propageait vite. J'avais ma chance. J'aperçus une vieille vadrouille; je m'en emparai immédiatement en faisant semblant de nettoyer et je réussis à me mêler au groupe, comme si de rien n'était. Je me mis même à crier, à mon tour, en imitant la sirène, et nous avons bien ri lorsque les gardiens se sont servis des extincteurs chimiques. L'eau sortait par les trous, comme d'un arrosoir. Quelle excitation! Ces émotions fortes me plaisaient.

Mon deuxième plan était prêt à être mis à exécution. J'avais remarqué que Speedy suivait toujours la même routine le matin. Il allumait les lumières, tendait le bras à l'intérieur de la porte et ne regardait jamais l'interrupteur. J'avais demandé à mon copain Pépé de m'apporter des fils électriques. Des fils électriques attachés à deux gallons d'essence dissimulés à l'intérieur de cette pièce pouvaient faire sauter tout le magasin...

Pendant ce temps, le début de l'émeute continuait à se préparer. Le gros John passait le mot : faire la grève de la faim. Personne ne devait prendre de nourriture. Lorsque nous eûmes refusé nos repas, nous fûmes enfermés dans nos cellules. Cela me prit de court; mes fils électriques n'étaient pas encore arrivés. Je dus oublier cette partie de mon plan. J'étais bien déçu, puisque ce plan avait été conçu dans le but de me venger de mon gardien Speedy.

De jour en jour, j'apprenais à détester ce maudit système. En voyant qu'il allait y avoir une émeute, je pris «Si Joli» et le cachai dans ma chemise. Une fois dans la cour, je le mis en liberté. Je me disais alors qu'au moins, lui, il n'aurait pas à vivre l'émeute. Mais, durant la soirée, il revint à ma cellule. J'étais content tout en ayant de la peine.

Le fameux John continuait de nous dire de refuser nos cabarets. Alors, une routine s'établit; nous sortions de nos cellules, un plancher à la fois, avec notre chaudière qui contenait nos excréments et que nous devions vider dans un trou. Nous mettions de la chaux dans le fond de la chaudière pour enrayer les odeurs; puis on passait à la cuisine pour ramasser notre cabaret que nous refusions. Ensuite, on nous enfermait à nouveau dans nos cellules. Les jeunes commençaient à avoir faim; ils devenaient impatients. Certains voulaient de l'action; ils trouvaient que cette mini-émeute prenait bien du temps à déboucher sur quelque chose de concret.

Le soir, les jeunes se mirent à brûler les couvertures et les taies d'oreiller, puis des morceaux de matelas. La fumée était dense, suffocante. Avec ma couverture, j'avais fait une tente et j'y avais placé «Si Joli». Mon voisin Michel me conseilla d'humecter mon essuie-main et de me le mettre sur le visage, si je ne voulais pas mourir suffoqué. Voyant que rien ne se passait, Michel prit un manche à balai attaché à une corde. Il appuya le manche sur les barreaux de la porte de sa cellule et le projeta dans la fenêtre pour casser les vitres. Ensuite, il retira le manche à l'aide de la corde et refit les mêmes gestes plusieurs fois. Il me demanda de faire la même chose. Mon sixième sens me fit hésiter, parce que j'avais toujours à l'esprit l'histoire de Pat McKenzie.

— Je ne sais pas pourquoi, Michel, mais je pense que c'est dangereux. Tu ferais mieux de ne pas faire ça.

Les gars hurlaient; d'autres faisaient des crises de nerf en brisant tout dans leur cellule. Deux screws, Ander dit «Les Bottines» et Bonj dit «Le Menton», se promenaient dans les ailes et prenaient les noms des gars qu'ils voyaient brûler du linge et briser des vitres. Ensuite, ils éteignirent le début de l'incendie. À dix-neuf heures, nous avons entendu la roue, au bout de l'aile. Les portes étaient déverrouillées. Cinq screws se sont présentés à la porte de Michel. Un gardien du nom de «Killer P.» lui dit :

— Viens icitte, toé.

— Qu'est-ce qu'il y a?

On mit les chaînes aux pieds et aux mains de Michel et on lui dit :

— Tu vas voir tantôt. Tu vas voir assez d'étoiles que tu vas penser que c'est ta fête.

Puis un autre gardien le fit marcher au pas militaire.

— Right, left (droite, gauche). Lève ton pied plus haut.

Michel disait que les chaînes lui faisaient mal.

— Ferme ta gueule et fais ce qu'on te dit.

Puis il fut conduit à l'administration devant le colonel Lebel. Michel fut accusé d'avoir participé à un début d'émeute en brisant des vitres. Il tenta d'expliquer que c'était parce qu'il avait peur de mourir suffoqué, mais rien n'y fit. Il fut condamné à dix coups de strappe.

Michel fut amené devant un chevalet. Ses pieds furent retenus par une lanière de cuir et un gardien arriva par derrière,

Un détenu conduit devant l'administration
Photographie : archives du Bureau du Solliciteur général du Canada

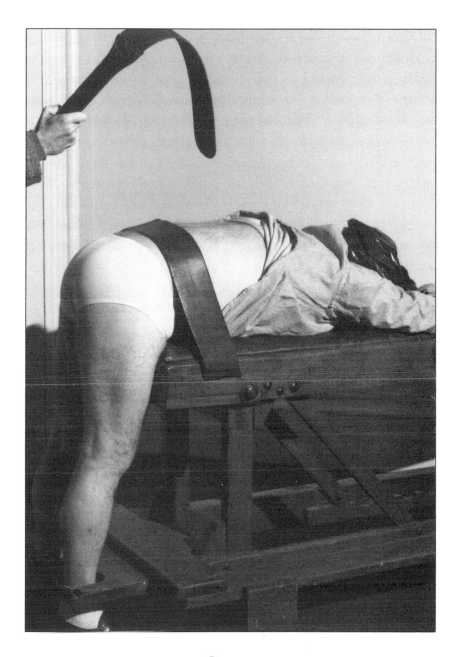

Strappe

Photographie : André Kouri

et lui mit des lunettes de feutre sur les yeux pour qu'il ne voie pas qui le frappait. Un morceau de bois fut placé dans sa bouche. On abaissa son pantalon et on attacha ses mains avec une autre lanière de cuir au haut du chevalet. On lui passa une grosse ceinture noire à la taille pour qu'il ne tombe pas du chevalet. Le médecin prit son pouls et fit signe au gardien. Ce dernier, choisi expressément pour sa force et sa grosseur, se préparait comme s'il allait gagner un trophée pour le meilleur coup. Il recula à quelques pieds de Michel et frotta la semelle de sa bottine sur le plancher afin de se donner un air d'aller, fit rapidement deux à trois pas de travers et un petit saut qui donnait encore plus d'élan à la strappe. Alors, il la rabattit sur les fesses de Michel qui était bien placé pour la recevoir.

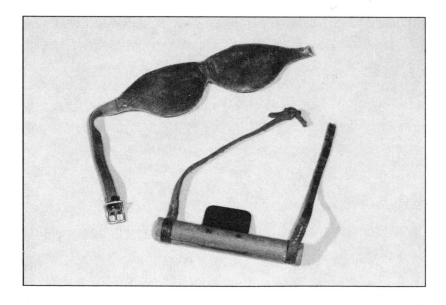

Lunettes de feutre et morceau de bois
Photographie : André Kouri

On entendit un hurlement incroyable, un cri de désespoir, un vrai cri de mort. Devant ce spectacle, certains gardiens semblaient savourer la douleur des détenus. Ils s'en délectaient. Le gardien prit le temps de refaire ses forces. Il s'arrêta quelques instants et parla avec les autres gardiens. Certains fumaient même le cigare en attendant que le médecin reprenne le pouls de Michel et les informe d'un signe de tête qu'il était capable de recevoir le coup suivant. Alors, le même scénario recommença, jusqu'au dixième coup.

Le médecin surveillait. Il ne fallait surtout pas que Michel meure, mais il fallait le faire souffrir jusqu'à la limite de l'endurance. On rendait l'être humain à l'état animal. Un an après ces séances, certains détenus avaient encore des douleurs consécutives aux coups de strappe qu'ils avaient reçus.

Quand ce fut terminé, on enleva les lunettes de feutre et le morceau de bois de la bouche de Michel. L'infirmier s'approcha pour lui mettre de l'onguent et des bandages que Michel déchira en se débattant lorsqu'on le détacha. On lui ordonna de relever son pantalon. Il tremblait de douleur et pleurait comme un enfant. Il fut ramené à sa cellule au pas militaire, enchaîné et plié en deux. Les menottes étaient prises à travers la chaîne de ses pieds, de sorte que Michel marchait complètement courbé en avant, comme un animal. Tout était fait pour humilier. Impuissants, les détenus se mirent à crier des injures aux gardiens :

— Gaston, les yeux de poisson! Lange, ta mère, c't'une chienne...

Le fossé se creusait de plus en plus entre gardiens et détenus. Durant toute la soirée, les gardiens ont frappé les détenus qui avaient été surpris à détruire les biens du pénitencier. Durant l'absence de Michel, les gardiens avaient vidé sa cellule de son contenu. Ils avaient jeté son bel appareil de radio du haut du deuxième étage.

Quand tout fut terminé, Michel me dit :

— André, c'est pas possible. Ce sont des malades. Ils sont pires que la Gestapo, ce sont des sadiques.

— Ben voyons donc, Michel! Ce sont de bons pères de famille et ils représentent le gouvernement... (pour dire qu'ils ne pouvaient rien faire de mal), répondis-je ironiquement.

Pendant plusieurs nuits, j'entendis Michel pleurer comme un petit enfant. La séparation d'avec son épouse, ses enfants placés, c'en était trop. Par la suite, Michel ne fut jamais plus le même. Et j'étais loin de penser que, trois mois plus tard, il se suiciderait dans sa cellule. Un autre qui n'a pu accepter la vie dans les pénitenciers...

Souvent, en prenant ma douche, je voyais sur les cuisses et les fesses de certains de mes confrères, des marques striées, laissées par d'anciens coups de strappe. On aurait dit que certaines de ces marques avaient été faites avec un morceau de bois, du genre que l'on appelait «paddle». Sur leurs dos, c'était des marques de coups de fouet à neuf queues.

Dès le lendemain du suicide, la cellule de Michel était déjà occupée par un autre détenu, du nom de «Blacky». Celui-ci, qui avait eu affaire à des enquêteurs de la brigade des vols à main armée, me raconta les tortures qu'il avait dû subir aux mains des détectives, telles que coups de couvre-chaussure dans le dos alors qu'il ne portait qu'un simple tee-shirt; puis, ayant les mains menottées dans le dos, on lui avait placé un bottin téléphonique sur la tête et on l'avait frappé à l'aide d'une matraque. Les coups répétés sur le bottin répercutaient une douleur dans tout le corps et, surtout, ne laissaient pas de marques. Pour essayer de me prouver que ses dires étaient vrais, il me montra des brûlures aux épaules et aux avant-bras qu'il disait avoir été faites avec des cigares. Lorsqu'il me nomma les enquêteurs qui lui avaient fait subir ces ignobles traitements, je me rendis compte que c'était toujours les mêmes noms qui réapparaissaient. Il me dit aussi qu'il avait écopé de dix ans de pénitencier et que, même sous la torture, il n'avait pas dévoilé ses complices; il en était très fier.

Un détenu du nom de Pit devait recevoir une peine de douze coups de strappe pour s'être battu avec un autre détenu. Il avait crié aux trois premiers coups. Aux quatre suivants, ce fut le silence, car il était sans connaissance. Lorsque les gardiens ont constaté qu'il ne réagissait plus, il fut conduit au cachot. Il recevrait ses autres coups une autre fois... Les repas de Pit consistaient le plus souvent de quatre tranches de pain, et d'eau. Le seul repas chaud auquel il avait droit, c'était celui du dimanche à midi. Au bout de deux mois de ce régime, il avait terriblement maigri. Le médecin passait. Les genoux de Pit étaient très enflés, tout déformés, ainsi que ses coudes. Le médecin conseilla alors de sortir Pit de ce donjon, sinon il crèverait. Mais avant de le conduire à sa cellule où il devait recevoir ses repas normaux, on lui administra les cinq autres coups de strappe qui lui étaient dus. Par la suite, et durant des années, il répétait, les larmes aux yeux :

— Ils n'avaient pas le droit de me faire cela. C'est pas correct ce qu'ils m'ont fait.

En 1988, Pit survécut à une grave opération du cœur où il avait quatre-vingt-dix pour cent de chances de mourir.

Les humiliations étaient de tous genres. À un repas, les gardiens ont passé des sandwichs; ceux-ci sentaient l'urine. Les détenus ont encore crié leurs insultes et ils ont lancé les sandwichs.

Pour la strappe, ce n'était pas fini. Plusieurs centaines de détenus y sont passés. On avait installé le fameux chevalet à torture dans le dôme afin que les détenus puissent entendre les cris de douleur de ceux qui étaient battus. Cela devenait de la torture mentale.

Le quatrième jour après le début de la mini-émeute, les plus jeunes commencèrent à accepter de la nourriture. Le septième jour, les gardiens nous firent sortir de nos cellules, un étage à la fois. De sa cage, le gardien pointait sa carabine sur nous. Pendant que nous étions sortis chercher nos repas, ils fouillèrent nos cellules et jetèrent nos biens personnels dans le passage.

À notre retour, nous eûmes à passer devant la cellule de Gros John. Les screws avaient laissé devant sa porte ce qu'ils avaient trouvé à l'intérieur, soit une caisse de Pepsi, du jambon en boîte, du poulet en bocal et des boîtes de tablettes de chocolat qui venaient de la cantine. Il nous avait fait marcher. En passant devant lui, nous l'avons traité de gros sale et lui avons dit :

— Tout à l'heure, tu vas t'ennuyer de ta mère, mon chien; on va te passer.

Gros John comprit qu'il n'y avait pour lui qu'une porte de sortie pour sauver sa vie : la protection du Cell Block 1. C'était un endroit où le détenu était placé pour sa protection en cas de représailles par le milieu carcéral. De l'autre côté du Cell Block 1, c'était la ségrégation, lieu de détention pour les détenus qualifiés d'indésirables par l'institution.

De retour à ma cellule, j'appelai mon copain :

— Si Joli! Si Joli!

Rien; pas un bruit; pas un roucoulement. Je soulevai mon lit et, dans sa boîte, gisait «Si Joli», le cou cassé. J'étais effondré. Lorsque j'avais beaucoup de peine, je me repliais encore plus sur moi-même. Je remplissais mes poumons d'une bouffée de haine et serrais les dents en me disant : «Mes enfants de chiennes, mes hosties de chiens! Un jour, vous allez payer pour ce que vous avez fait». Par contre, cela ne me ramenait pas mon copain; «Si Joli» n'était plus. Après la grève de la faim, les screws reprirent leurs habitudes. Ils vérifiaient constamment leurs montres pour savoir le temps qu'il leur restait jusqu'à la pause de l'avant-midi, le dîner, la pause de l'après-midi, et leur départ à quatre heures. Le détenu, bafoué, devenait plus insolent, et le gardien, plus austère. Aucune communication entre gardiens et détenus. Les gardiens étaient payés pour surveiller seulement; mais, parfois, ils semblaient détester le détenu.

Aussi tous les motifs étaient-ils bons pour rire des gardiens. Par exemple, à trois heures du matin, Coco D., de Québec, lâchait des cris de mort. Gilles H., un autre détenu de Québec, s'enduisit le corps de cirage noir. Le matin, à la sortie des cellules, flambant nu, il se rendit à la cloche, au centre du dôme, et d'un ton sérieux, dit au député Émile Brodeur :

— Je suis Napoléon Bonaparte!

Le député Brodeur le regarda et, tout aussi sérieux, dit au gardien :

— Veuillez reconduire Monsieur Napoléon à ses appartements, le cachot.

Pour le vieux gardien de pénitencier qui n'avait jamais pris de cours le préparant à cet emploi, un bon détenu était un détenu mort. Le vieux gardien, sans lui parler, lui faisait subir sa sentence. Il n'y avait pas de pardon. Mais si un nouveau gardien montrait un certain intérêt pour aider les détenus à prendre conscience qu'ils étaient en partie responsables de ce qui leur arrivait, ce gardien se voyait vite menacé, au téléphone. On l'appelait «Convict Lover», ou on cassait les vitres de sa voiture ou bien on remplissait de sucre son réservoir d'essence. Le nouveau gardien en revenait vite à la mentalité du vieux gardien, ou bien il quittait son emploi. La mentalité du détenu qui voyait un autre détenu parler à un gardien, ne valait guère mieux. On le traitait de délateur, de rat, de «Stool Pigeon».

Chapitre XII

TEMPS D'ÉVASION

À MINUIT, le 24 décembre 1958, nous aurions aimé être dans nos familles. Le rituel recommençait et nous fêtions Noël à notre façon. On pouvait entendre le bruit de nos tasses de métal sur les barreaux à des milles à la ronde. C'était

Tasse de métal
Photographie : André Kouri

le désespoir et la frustration du détenu qui aurait aimé être dans sa famille. Le lendemain, je décidai d'aller à la messe seulement parce que cela me permettrait de sortir de ma cellule. Il y en avait beaucoup d'autres comme moi. La chapelle était remplie. Lorsque l'aumônier voulut faire son sermon, tous, nous nous sommes mis à tousser, voulant démontrer notre indifférence et laisser entendre que nous étions là pour la sortie seulement. D'un air enragé, le curé coupa son sermon et termina sa messe en un temps record.

Durant l'avant-midi, nous avons eu la visite de trois personnes de l'Armée du Salut. Elles sont passées de cellule en

Chapelle de Saint-Vincent-de-Paul
Photographie : archives du Bureau du Solliciteur général du Canada

cellule et nous ont remis une pomme, une orange et un petit paquet de cinq cigarettes Export. L'un des visiteurs se rendit à ma cellule. En me présentant mon cadeau, il me tendit la main et, avec beaucoup de chaleur dans la voix, me dit :

— Joyeux Noël et Bonne Année!

Je saisis sa main très vite. C'était tout à coup comme si je trouvais un ami. Je lui serrai la main très fort, comme pour y puiser du courage et me retournai aussi vite, ne pouvant retenir mes larmes. La période des fêtes me déprimait toujours; elle me rappelait trop de souvenirs. C'est ce qui m'a inspiré, en 1988, *Le Noël d'un détenu,* dont une cassette fut produite plus tard.

Au mois de janvier de la même année, un détenu du nom de Fernand Dubé essaya de s'évader. Il avait pris un morceau de bois, du quatre par quatre, des cheveux qui provenaient de

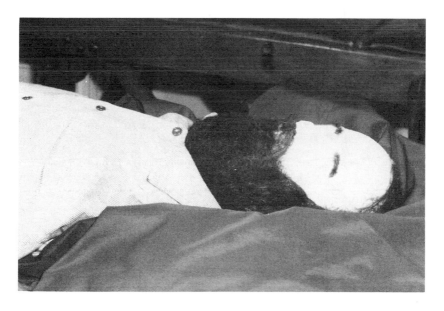

Mannequin
Photographie : André Kouri

chez le barbier et, avec de la pâte de bois et beaucoup d'imagination, il avait fabriqué une espèce de corps avec une tête qui,
de loin, pouvait avoir l'air d'un homme. Comme à seize heures
on nous enfermait, vers quinze heures quarante-cinq, il plaça le
bonhomme dans son lit, le couvrant jusqu'au menton. Il sortit et
réussit à se rendre au milieu du mur, entre les deux mira-
dors, où il se cacha sous deux draps blancs cousus ensemble,
lesquels se confondaient avec la neige. Il avait avec lui un
cable muni d'un grappin. Pendant ce temps, le gardien était
dans la tour, à l'abri du vent. Fernand demeura caché jusqu'à la
tombée du jour. En janvier, la noirceur arrive vite, et il en profita
pour se glisser plus près du mur et essayer de s'y agripper à
d'aide du grappin. Après maints essais, vers vingt et une
heures trente, il fut surpris par le gardien qui faisait sa ronde

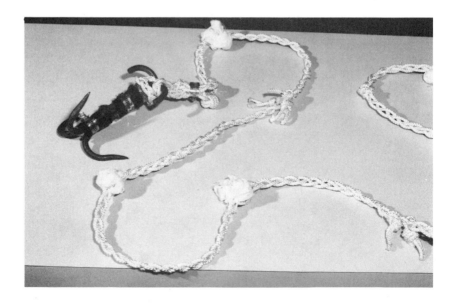

Grappin
Photographie : André Kouri

dans la cour. Fernand était gelé. Il fut accusé de tentative d'évasion et fut condamné à une prolongation de sa peine. On le transféra à Stoney Mountain, où il finit par se suicider.

Après la tentative d'évasion de Fernand, j'écoutais les gars parler d'une autre évasion qui avait eu lieu en 1955. Marcel, un voleur de banque, ressemblait comme deux gouttes d'eau au garde Garton, un Français de France qui était en charge du « Hobby Craft ». Un jour, Marcel alla le voir. Il sortit alors un couteau et le mit sur la gorge de monsieur Garton en lui disant bien calmement de ne pas s'énerver; tout ce qu'il voulait, c'était son habit. Bientôt, il fut rejoint par Gerry S., et un autre détenu du nom de Roy G. Après avoir revêtu l'habit

Tour de l'Est, lieu de l'évasion
Photographie : archives du Bureau du Solliciteur général du Canada

de monsieur Garton, Marcel téléphona au nouveau garde qui était sur la tour. Il lui dit :

— Ici le député Émile Brodeur. Je m'aperçois que vous avez oublié de signer votre formulaire d'admission à deux endroits. Je vous envoie un remplaçant. Pourriez-vous venir me rejoindre à l'administration.

Puis Marcel attendit environ dix minutes et, en passant entre le gros mur et la clôture de la cage, se rendit au mirador. Le nouveau garde mit la clé dans la chaudière et la descendit au moyen d'un câble pour que le gardien déverrouille la porte. Celui-ci remit la clé dans la chaudière que Marcel remonta pour la lancer ensuite à ses deux amis qui étaient venus le rejoindre. De la cage, le garde aperçut les deux détenus entre

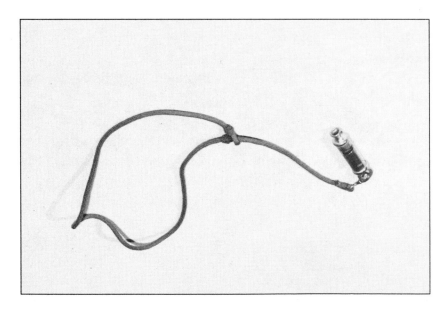

Le sifflet du gardien
Photographie : André Kouri

le mur de la cage et le mur de ciment. Il donna l'alerte au garde de l'autre côté de la cour en sifflant.

Entretemps, Marcel s'était emparé de la carabine et du revolver et les avait laissés tomber du côté de la rue Saint-François. Il s'empara du petit câble qui était après la chaudière et se laissa glisser le long du mur. Gerry S. chercha à faire la même chose, mais à peine avait-il descendu vingt pieds, que le câble se brisa. La sirène se mit à hurler et les gardiens des autres tours commencèrent à tirer. Gerry gisait par terre, une jambe cassée. Quant à Roy G., l'autre détenu sur le mirador, il choisit de rebrousser chemin et tomba dans les bras d'une bande de gardiens qui lui administrèrent la raclée de sa vie. Il fut conduit au cachot, comme Gerry qui, lui, selon les gardes, cherchait à jouer au grand blessé. Il était pourtant sans connaissance lorsqu'on le transporta. L'autre détenu, Marcel A., arrêta un automobiliste en lui disant qu'il venait d'y avoir une évasion et qu'il aimerait avoir un «lift», car l'auto des fuyards n'était pas loin. Mais en y réfléchissant, il ajouta :

— T'es mieux de me prêter ton auto ou ça pourrait être dangereux pour toi!

Comme la sirène hurlait et pensant que le pont serait barré, il se réfugia dans une maison du village en demandant au résident de ne pas avoir peur. Il lui annonça qu'il venait de s'évader du vieux pénitencier Saint-Vincent-de-Paul. Le lendemain, l'auto ayant été retrouvée dans le village, les gardiens fouillèrent les maisons les unes après les autres, et Marcel fut arrêté pour cette évasion. Les trois comparses furent condamnés à une prolongation de peine et ils passèrent plusieurs mois au cachot. Marcel devait mourir plus tard du cancer.

L'évasion de Marcel était une insulte pour les représentants du système. Il avait osé défier la sécurité de leur institution. Aussi, après cette évasion par la tour, lorsqu'un garde changeait d'équipe, il devait utiliser un mot de passe différent chaque jour. Les mots de passe pouvaient avoir pour nom pomme, orange ou banane.

Peu de temps après, il y eut un meurtre à la «Stone Shed», endroit de travail à l'intérieur du pénitencier. La victime,

Cachot, à Saint-Vincent-de-Paul
George S., un Italien, qui avait été condamné à quinze ans de pénitencier, en a passé la plus
grande partie au cachot., de même que Gaston P., qui a subi la strappe à plusieurs reprises.
L'écriteau situé à l'entrée de Saint-Vincent-de-Paul : **Ici on plie le fer,**
ne s'est pas vérifié dans leur cas, même pas sous la torture.
Photographie : archives du Bureau du Solliciteur général du Canada

un certain Paul Murry, fut tuée pour une histoire de drogue (goof balls). Le Chou Holley et Louis Charles dit la Louise, deux détenus accusés du meurtre de Paul, furent acquittés. Mais Le Chou Holley devait être par la suite assassiné dans les années soixante-dix, à Montréal. Quant à Louis Charles dit la Louise, il fut tué lors de l'explosion d'une bombe télécommandée, le 25 novembre 1984, en même temps que trois autres confrères.

Couloir du cachot

Photographie : archives du Bureau du Solliciteur général du Canada

*
*   *

Un jour, nous étions dans la cour, environ une soixantaine de détenus. Je fus demandé à l'administration. On me fit passer dans un bureau où il y avait deux grands «six pieds». En les voyant, j'ai tout de suite pensé : «des chiens». L'un d'eux me demanda :

— Ton nom?

— Tu l'as, là, répondis-je en indiquant une liste de noms.

— Combien de temps tu fais?

— Écoutez, je ne vous connais pas et je ne veux rien savoir de vous autres. Si vous avez des problèmes, allez les conter à la cloche. (C'était une expression dont se servait le détenu pour dire qu'il ne voulait rien savoir. La cloche, celle du dôme, servait à avertir les gardiens lorsque venait le moment de faire sortir les détenus des cellules, étage par étage.)

Le policier me demanda ce que je voulais dire.

— Ne venez pas m'écœurer! Pour moi, vous êtes tous des sales, des crottés. J'veux rien savoir de vous autres.

— Y connaît pas l'danger, celui-là! On l'amène-tu au poste? dit l'un des policiers à l'autre.

Après quelques hésitations, on décida de laisser faire et on me renvoya à mon travail.

Chapitre XIII

DES CHIENS DANGEREUX

U<small>N</small> matin, je rencontrai le petit anglais du nom de Bruce Camp, celui avec lequel je m'étais battu à la prison de Bordeaux. Il venait d'être libéré ce jour-là, plein de «goof balls». Ce fut la dernière fois que je le revis vivant.

Je lus dans les journaux, quelque temps plus tard, qu'il avait été abattu par des policiers, au cours d'un vol à main armée. En gros titre, on pouvait lire : «Chien dangereux abattu». La version du coroner : «Mort sans responsabilité criminelle». Les policiers avaient dit que Bruce avait ébauché le geste de sortir une arme; malheureusement, on constata trop tard qu'il ne portait pas d'arme. Bruce est mort comme il a vécu, dans la violence.

Après avoir conduit ses complices à un bloc appartements avec l'argent et les armes, Bruce essayait de se débarrasser de l'auto qui avait servi au vol, et c'est alors qu'il fut abattu.

Ce qualificatif de «chien dangereux» me rappela les histoires que me racontait R.P., un grand homme qui avait toujours un sourire figé aux lèvres. Je sentais quelque chose de bon en lui, quelque chose que je ne pouvais définir. En 1941, il purgeait une peine au pénitencier de Kingston, en Ontario, en même temps que l'un de ses amis, Pat McKenzie, originaire de Toronto. Un jour, un gardien adressa la parole à Pat. Celui-ci choisit de l'ignorer. Le gardien fit alors convoquer Pat chez le directeur, monsieur Alan,qui le reconnut coupable d'insolence. Il le condamna alors à trois jours au pain et à l'eau, c'est-à-dire quatre tranches de pain et un bol d'eau chaude. Pat mesurait six pieds et quatre pouces et ne pesait que cent cinquante-livres. Lors de ses déplacements, du bureau du directeur au cachot, Pat était toujours accompagné de quatre gardiens : un devant, l'autre derrière, les deux autres à droite et à gauche. Pas un gardien n'aurait osé lever la main sur lui. Il avait une réputation de «chien dangereux» et les gardiens le craignaient. Arrivé aux cellules d'isolement, le premier gardien fit signe au gardien en charge du cachot qui ouvrit la porte afin qu'on y enferme Pat. Au bout de trois jours, Pat revint à sa cellule. Mais il n'oublia pas le gardien responsable de sa punition.

Un jour, il apostropha ce gardien, en lui faisant face. Celui-ci lui demanda ce qu'il attendait de lui. Pat, le regardant dans le blanc des yeux, lui cria :

— Maudit chien, et se mit à le frapper de plusieurs coups de couteau. Les autres détenus criaient :

— Envoie Pat! Tue-le!

D'autres gardiens accoururent, s'emparèrent de Pat, et le conduisirent au cachot. On l'amena ensuite, pieds et mains liés, devant le directeur Alan.

— Détenu Patrick McKenzie, votre cas est extrêmement grave. Vous avez osé attenter à la vie d'un gardien. Si celui-ci vient à mourir, soyez assuré que vous serez pendu. Avez-vous quelque chose à dire pour votre défense? dit le directeur.

— Va en enfer! répondit Pat.

— J'ai bien peur qu'avant la fin de tout cela, c'est vous qui alliez vous retrouver en enfer, ajouta le directeur en hochant la tête, avant de donner l'ordre au gardien de reconduire Pat au cachot.

La ration de Pat se résumait ainsi : du pain et de l'eau le matin, une pomme de terre et quatre tranches de pain à midi, et encore du pain et de l'eau pour le souper. Le directeur écrivit un rapport des événements à monsieur Lapointe, ministre de la Justice, à Ottawa. Quelques jours plus tard, les gardiens ramenaient Pat devant le directeur. De chaque côté de la salle, il y avait toute une rangée de gardiens. Lorsque le directeur est entré, ils se sont mis au garde-à-vous, dont le bruit résonna dans la salle. Le directeur fit un geste de la main et les gardes reprirent la position de repos. Il lut la réponse d'Ottawa :

— Détenu Patrick McKenzie, vous avez été reconnu coupable de tentative de meurtre, ainsi que l'indique l'accusation portée contre vous. Vous êtes condamné à recevoir quatre-vingts coups de strappe, par tranches de dix coups par semaine. Toutefois, les quarante derniers coups seront suspendus sur votre tête. Si vous en veniez à récidiver, soyez assuré que vous les recevrez. En plus, vous passerez vingt et un jours au cachot, aux conditions que vous connaissez maintenant. Par la suite, vous serez placé en isolement. Que la sentence commence!

Un gardien plaça une paire de lunettes en feutre et en cuir sur les yeux de Pat. On le fit avancer près d'un cheval allemand et on plaça ses chevilles enchaînées dans des rainures en bois. On vissa ensuite une barre de sécurité en fer pour mieux retenir ses pieds, on passa une paire de strappe munie de feutre à ses poignets, et un câble au travers des strappes. Deux gardiens tiraient sur le câble, étirant le pauvre corps de Pat qui était immobilisé, les pantalons baissés, une grosse lanière lui retenant les hanches. Soudain, un gardien qui s'était caché dans une chambre d'à côté apparut, la strappe à la main. On l'avait choisi pour sa corpulence et sa force.

Le gardien frotta les semelles de ses bottines sur le ciment, fit quelques pas de côté, puis un petit saut. L'impact de la strappe sur les fesses de Pat produisit un sifflement dans l'air, mais pas un son ne sortit de la bouche du condamné. Les gardiens en étaient époustouflés. Ce n'était pas possible : des milliers de détenus avaient crié sous les coups de la strappe. Le gardien s'aligna de nouveau. Au bout de dix coups, il n'avait pas réussi à faire crier Pat, même si celui-ci avait les fesses et les hanches fendues, enflées et en sang. Parce que le gardien changeait de position à chaque coup, Pat avait reçu cinq coups au côté gauche, et cinq autres au côté droit. On l'enferma ensuite au cachot, seul avec sa douleur et son appréhension. Il lui restait soixante-dix coups de strappe à recevoir. Allait-il survivre à ce châtiment? Que de frustrations face à cette impossibilité de se défendre...

Son intelligence était noyée dans la haine, dans des idées de vengeance qu'il ne pouvait pas contrôler. Pat ne réalisait pas qu'il était responsable de ce qu'il lui arrivait. Couché sur le ventre, par terre, il s'empara de la Bible qui était sur le plancher, la déchira et remit les morceaux au gardien qui lui apportait son pain et son eau en lui disant :

— Tiens! C'est ton billet pour assister à la séance de strappe de la semaine prochaine.

Bien sûr, Pat agissait comme s'il n'avait pas peur. Puis, la deuxième fois arriva, et il dut suivre les gardiens. Cette fois-ci, lorsque la strappe s'abattait sur lui, il comptait les coups en criant. Cela semblait atténuer le mal, et les gardiens ne pouvaient pas dire que c'était la douleur qui l'avait fait crier. Pour Pat, crier aurait été un signe de faiblesse, et il aurait perdu l'image de «dur à cuire» qu'il s'était donnée. Mais dans la noirceur de son cachot, il nourrissait encore plus ses idées de vengeance. À la troisième séance, Pat fut ramené à sa cellule sans connaissance. Il n'avait pas crié; il n'avait même pas compté les coups. Étendu par terre, il tremblait. De temps à autre, un gardien vérifiait s'il respirait. Ses fesses n'étaient qu'une plaie. Il avait déjà reçu quinze coups au côté droit, quinze autres au côté gauche. Il semblait être comme dans un coma, avait perdu la notion du temps, et faisait de la fièvre. Il était presque certain de ne pas pouvoir survivre à la prochaine bastonnade. Même s'il avait recommencé à recevoir ses repas réguliers, il ne semblait pas reprendre de force. Alors, Pat se mit à prier en disant :

— Mon Dieu, pourquoi m'as-tu abandonné? Je sais bien que je vais mourir. Mais entre toi et moi, je peux te dire, je n'ai pas été bien chanceux dans la vie. Puis, à quoi bon te parler, puisque tu n'existes même pas...

Sa porte s'ouvrit. On le ramenait au chevalet. Les gardes devaient le soutenir pendant qu'on l'attachait. Puis les coups se remirent à pleuvoir. Comme dans un rêve, il s'entendit crier : «neuf et dix»... Il se sentit soulevé de terre; puis ce fut la noirceur totale, un grand tunnel avec une lumière blanche au bout. Celle-ci sembla l'attirer... et Pat perdit la notion du temps. Combien de temps s'était-il passé dans la lumière blanche? Était-ce une heure... ou deux jours?

Des pas et le son d'une porte ouverte ramenèrent Pat à la réalité.

— Détenu McKenzie, la première partie de la sentence a été exécutée. Mais rappelez-vous bien que si vous en veniez à récidiver, vous recevrez les quarante autres coups, dit la voix du directeur Alan.

Après le départ du directeur, Pat remercia le bon Dieu et des larmes s'échappèrent de ses yeux, un petit sourire grimaçant de douleur. Il avait survécu à cette inhumaine torture.

R.P. eut une discussion avec un gardien au sujet de Pat. Il le prit au collet et le secoua, ce qui lui valut une punition de dix coups de strappe. Le gardien choisi pour administrer les coups était l'ami de R.P. Comme il ne frappait pas de toutes ses forces, il écopa de soixante-quinze dollars d'amende. Par la suite, R.P. changea son attitude envers les représentants du système. Il fit même une demande pour que les détenus aient la permission de jouer à la balle dans la cour du pénitencier. De plus, le directeur Alan, qu'on avait baptisé «Petit César», nomma R.P. responsable de ce sport. R.P. apprécia cette marque de confiance et le directeur assista même à plusieurs parties de balle. Cette mesure avait redonné confiance aux détenus.

Un peu avant d'être libéré, se souvenant d'une vieille loi qui n'avait pas encore été abolie, Pat McKenzie fit une demande au directeur. Il voulait qu'on lui remette un cheval, comme moyen de transport, et un Colt 45 sans balle. Cela fit bien rire R.P. qui n'a jamais su si Pat avait reçu le cheval. Mais R.P. était persuadé que si un détenu faisait une telle demande au moment de sa libération, les autorités seraient obligées de la prendre en considération.

Patrick McKenzie est décédé d'un cancer en 1971, et R.P. a fêté ses soixante et onze ans en 1989.

*

*   *

Un après-midi, on nous présenta un film. Un détenu, le «Grand Cassey», était assis trois ou quatre rangées de bancs devant moi lorsque, tout à coup, je le vis se tourner et saisir un couteau à pleine main. Le gars qui avait voulu le frapper lui a dit : «Excuse-moé, j'me suis trompé de gars». Il fut cependant blessé à quatre doigts.

Pendant que les lumières étaient éteintes, Gaston, dit «La Simone», un détenu condamné à vie, se promenait à quatre pattes entre les rangées et allait soulager de nombreux jeunes. Les cas d'homosexualité étaient fréquents, surtout chez les jeunes qui écopaient de longues sentences. Certains étaient victimes des plus vieux; d'autres s'y plaisaient.

L'orgue de Pont-Rouge

Au pénitencier Saint-Vincent-de-Paul, on pouvait trouver un simple voleur par effraction tout comme le plus infâme des criminels. Un matin où je terminais mon entraînement, j'aperçus un grand colosse qui semblait me porter une attention toute particulière. Il me faisait de petits signes de la main, me soufflait des baisers. Ce colosse s'appelait Léopold Dion, le même homme qui avait envoyé mon ami Michel à l'infirmerie. Pour finir, il tenta de m'approcher en me félicitant à la suite d'un combat. Je commençais à le trouver envahissant. Un jour, après une victoire, il me prit dans ses bras. Il cherchait à me toucher partout. Je réussis à me défaire de son emprise. Par la suite, j'ai cherché à savoir qui était réellement ce fameux Léopold.

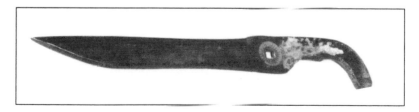

Couteau
Photographie : André Kouri

La mère de Léopold Dion jouait du piano dans un cinéma muet. C'était une femme de mœurs légères. Lorsque Léopold était enfant, sa mère lui faisait porter des robes. Elle l'appelait Pauline. Cette mère devait mourir plus tard de la syphilis, à l'asile psychiatrique Saint-Michel Archange, à Québec. Le père de Lépold était alcoolique. On dut le placer au refuge Don Bosco, à Québec. À l'âge de douze ans, Léopold tomba dans les pattes d'un révérend frère homosexuel. Cette malheureuse initiation et les mauvais souvenirs de sa mère ont dû produire un effet négatif sur l'avenir de Léopold. À dix-huit ans, il fut condamné à quatre mois de prison pour grossière indécence. En 1939, à dix-neuf ans, il entrait dans les forces armées, puis fut rapidement mis à la porte à cause de ses activités homosexuelles. Il blessa une prostituée en la poignardant et fut acquitté...

À vingt ans, en compagnie de son frère cadet, il viola une jeune fille qui marchait sur la voie ferrée du Canadien Pacifique, à Pont-Rouge, dans le comté de Portneuf. La victime était présidente des enfants de Marie. Ils la violèrent sauvagement et enfoncèrent le canon d'une carabine dans son vagin. Léopold se préparait à tirer... Heureusement, son frère l'en empêcha.

Pour ce geste, le frère écopa d'une sentence de douze ans de pénitencier. Léopold, lui, fut condamné à vie. Pour viol avec violence, le code criminel prévoyait la peine de mort à ce moment-là.

Seize ans plus tard, en décembre 1956, Léopold fut remis en liberté sur avis des psychiatres. Le mois suivant, il fut de nouveau arrêté pour avoir attaqué sexuellement un garçon de quatorze ans. Le juge Laetare Roy le condamna à un an de prison, ce qui annulait sa libération conditionnelle. Il dut retourner purger sa peine au pénitencier. Je le côtoyai donc entre 1958 et 1962.

Étant donné les informations que j'avais recueillies, la peur commença à me tenailler les entrailles. Je me fis complètement raser la tête. Cela sembla ralentir les ardeurs sexuelles de Léopold.

— Fais attention de ne pas ramasser de barre de savon par terre dans la douche quand Léopold Dion est derrière toi, dit Lionel, l'ami auquel je m'étais confié.

Puis il se mit à rire. Moi, je ne trouvais pas ça drôle. Je pensais à mon voisin de cellule, Michel, qui avait été violé par ce monstre.

Léopold Dion fut de nouveau libéré en 1962, et encore arrêté en 1963 pour le meurtre de quatre jeunes garçons de huit, dix, douze et treize ans. Ils les attirait en se faisant passer pour un photographe, leur faisait de belles promesses pour ensuite les violer. En bon catholique, il leur permettait de faire leurs prières avant de les étrangler. Il enterrait ensuite ses victimes à la plage du Foulon et sur les Plaines d'Abraham.

Lors de son procès, Dion, se rendant compte qu'il recommencerait s'il était un jour remis en liberté, demanda à être pendu pour expier ses crimes. Il ne fallut que quelques minutes pour que Léopold Dion soit reconnu coupable et condamné à mort. Mais par un tour de force, son avocat réussit à lui obtenir un sursis...

Le 27 mai 1964, il surprit monsieur Eugène Létourneau, gouverneur de la prison de Québec, lui asséna sept coups de couteau, et le traîna hors de la prison. Il fut arrêté au pied du monument de Wolfe par des policiers armés.

En décembre 1965, sa peine de mort fut commuée au pénitencier à vie. Par la suite, Léopold n'eut plus grand chose à perdre. Il continua à s'intéresser aux jeunes détenus, jusqu'au jour fatidique du 17 novembre 1972, où il s'en prit au détenu Normand Champagne, dit «Laurence d'Arabie».

D'un pas lent et sûr, Léopold s'avança vers sa future victime. Comme il était sur le point de le toucher, Normand le frappa d'un violent coup de barre de fer qui servait à lever des poids. Dans un bruit d'os cassés, Léopold reçut la barre en plein front. Même cela ne fit pas reculer ce monstre qui secouait la tête en grognant et continuait à avancer sur Normand. Normand, criait :

— Je suis Laurence d'Arabie! Je suis Laurence d'Arabie! et il continuait à frapper Léopold.

Il lui arracha les yeux et les parties génitales. Il mit les yeux dans ses poches et lança les parties contre un mur. Durant tout ce carnage, personne ne leva le petit doigt pour empêcher la mort de Léopold. À la fin, Normand était assis par terre, épuisé parmi les restes de Léopold. Même à bout de force, il continuait à frapper le corps sans vie en pleurant et en criant :

— Je suis Laurence d'Arabie! Je suis Laurence d'Arabie!

Et c'est ainsi que mourut Léopold Dion, surnommé Pauline. C'est dans deux grands sacs à ordures verts que deux agents provinciaux sortirent les restes de Léopold du pénitencier. Durant toute son existence, il avait fait le mal. Et c'était bien vrai ce que disaient les autres détenus :

— Dans ces institutions, on sait comment on entre, mais on ne sait pas comment on en sort.

Par la suite, la routine reprit son cours. Les gardiens continuaient leur harcèlement :

— Boutonne ta chemise! Mets-toi en ligne!

Et le détenu recommençait à penser : «Hier, je m'en souviens. Aujourd'hui, tout va bien. Mais demain, c'est l'incertain.»

D'autres monstres continuaient de courir les rues. On libéra Jacques Tarzan Laplante, un autre fier-à-bras qui allait se saoûler dans les hôtels. Il mourut dans les années quatre-vingt, atteint d'un coup de douze dans le ventre.

Chapitre XIV

CHANGEMENT DE DÉCOR

Vu le surpeuplement de Saint-Vincent-de-Paul, on décida de m'envoyer à Valleyfield, dans un camp qui avait déjà appartenu à l'armée. À l'occasion de la visite de la Reine, je reçus cinquante-deux jours de bon temps.

Le jour de ma libération, je dus travailler jusqu'au moment du départ. On me donna l'ordre de semer des graines de maïs. Après que le garde fut parti, je creusai un trou où je vidai les trois quarts de la poche de graines, puis le rebouchai. Je me rendis à l'autre bout du champ, semai une vingtaine de graines, puis me couchai sous un pommier jusqu'à l'arrivée du gardien. En le voyant, je lui dis :

— Tout le champ est semé, jusqu'ici.

Cette journée-là, on m'a ramené à Saint-Vincent-de-Paul signer quelques papiers; puis on m'a libéré.

Je pris l'autobus pour revenir chez nous. Je riais tout seul, rien qu'en pensant au maïs qui sortirait où j'avais enterré les trois quarts du sac de semences. Malgré ma haine des prisons et du pénitencier qui représentaient la loi, je ne fus que très peu de temps à l'extérieur des murs. Je continuais à vivre comme on m'avait formé. Mes parents m'encourageaient à aller chercher de l'emploi, mais je venais de perdre deux ans de ma vie et ce n'était pas à travailler que je rattraperais le temps perdu.

Le 26 février 1960, à Hull, j'écopai de deux ans pour vol par effraction, plus une autre condamnation d'un an pour le même délit. Au moment de prononcer sa sentence, le juge Orville Frenette me dit :

— Vous êtes doué d'une intelligence supérieure. Vous devriez l'employer à faire le bien au lieu du mal.

Je devais donc retourner dans la jungle de Saint-Vincent-de-Paul. J'avais la rage au cœur et les larmes aux yeux. Une fois de plus, j'étais tellement occupé à blâmer tout le monde que je ne concevais pas que j'étais seul responsable de la sentence qui venait de m'être infligée. Mais cette fois, je savais à quoi m'attendre : le garde sur le mirador, l'admission, la fouille avec le gant, etc. Les gars, à la fenêtre de la «Paint Shop», me crièrent :

— Aye Laflamme! T'es revenu! Salut André, c'est Bob. J'vais t'voir à la marche tout à l'heure.

En arrivant à ma cellule, on pouvait lire sur une petite carte bleue au-dessus de la porte : numéro 5250 — sentence : trois ans. Tous les lundis, je me rendais à la consultation des malades. Parfois, rêveur, je m'assoyais par terre en encerclant mes genoux de mes bras. Je me choisissais un nuage, m'imaginais assis devant, longeant le ciel qui me paraissait toujours impénétrable. Je voyageais vers des frontières inconnues et filais sur mon nuage. Mais un gardien me ramenait vite à la réalité en me disant :

— Numéro 5250, attache ton bouton de chemise et circule; sinon, tu vas passer au rapport.

— Oui, Monsieur. Je ne voudrais pas perdre de bon temps, répondais-je aussitôt en penchant la tête.

Je fis une demande pour aller travailler à l'extérieur, au B-16, comme homme de confiance. Je fus accepté. Je travaillais pour le directeur adjoint, monsieur Brodeur. Le soir, je regardais la télévision ou me rendais à la salle de jeux rejoindre Gaston N. pour faire de la culture physique.

Un peu avant Noël, Gaston et moi avions décidé d'organiser une fête. Nous nous sommes entendus avec le cuisinier pour avoir des sandwichs et nous avions piqué des plats à notre lieu de travail. C'était tous des pièces de collection qui appartenaient à madame Brodeur, la femme du directeur adjoint. Pour le spectacle, nous avions retenu les services d'un jeune homosexuel du nom de Johanne qui devait faire une danse un peu spéciale dans des vêtements féminins. Tous les préparatifs allaient bon train, jusqu'au jour où madame Brodeur eut besoin de sa grande assiette. Deux jours avant Noël, Gaston et moi nous retrouvions entre quatre murs, et fini la fête...

Il y eut cependant de bons moments de spectacle dans le milieu carcéral. Une fois, nous attendions impatiemment la venue d'un grand spectacle depuis une bonne dizaine de jours. L'ambiance carcérale devenait tout à coup légère et nous étions un peu plus détendus, même si certains n'avaient pas dormi depuis quelques jours. On se sentait presque en famille. Ce jour-là, notre tasse de «Home made brew» à la main, nous étions tous entassés dans la chapelle, le plus près possible de l'estrade. Claude S.T.J., maître de cérémonie, présentait Ti-Gus et Ti-Mousse. Pour la circonstance, il s'était déguisé en bouffon avec des souliers de deux pieds de long.

— As-tu vu la pièce qu'on joue en ville, qui s'appelle «La chaise électrique», demanda Ti-Mousse à Ti-Gus.

— Oui, oui, répondit Ti-Gus en la regardant du coin de l'œil. Et elle :

— J'ai même joué dans cette pièce-là.

— Qu'est-ce que tu faisais dans cette pièce-là? répliqua Ti-Gus d'un air soupçonneux.

— Moi, je faisais la fuse.

Ti-Gus la regarda un moment et lui dit :

— Moi aussi, j'ai joué dans cette pièce-là.

— Oui! Qu'est-ce que tu faisais dans cette pièce-là, toi?

— Bien, c'est moi qui faisais sauter la fuse.

Au son du tambour et de la musique, le spectacle était bien parti. Puis, Claude S.T.J. annonça :

— Directement du Brésil, la plus charmante, la plus étonnante, la danseuse Lolita de Carlo.

Bien sûr que pour nous, sous le feu du moment, cette femme était la plus belle au monde. Plusieurs la regardaient comme un ange descendu du paradis. Dans les yeux de certains vieux détenus, cette vision représentait un rêve perdu dans un monde lointain, dont ils ne reverraient jamais plus le jour. Nous avions entendu dire que Lolita, à un certain moment du spectacle, devait enlever sa petite culotte et la lancer dans la salle. Malheureusement, la fin du spectacle arriva et Lolita ne fit pas le geste tant attendu. Peut-être avions-nous tout simplement imaginé qu'elle le ferait...

Les jours qui suivirent, on vendait des photos de Lolita et du spectacle. Par la suite, nous nous endormions avec la photo de Lolita sous notre oreiller en vivant les fantasmes les plus fous.

*

*   *

Un jour, en lisant le journal, j'appris que Georges Scarnino, vingt-sept ans, avait essayé de voler toute une rangée de coffrets de sûreté à une banque provinciale de Montréal. Il avait réussi à intercepter le système d'alarme près

Entrée de la prison de Bordeaux
Photographie prise par le directeur de la prison, monsieur Arthur Fauteux

de la porte où un camion volé attendait le précieux chargement. Les coffrets glissèrent dans l'escalier en faisant un bruit de tonnerre. Le gérant, qui prenait un bain de soleil sur le toit, alerta la police. Georges et ses complices furent arrêtés. Georges a projeté une chaise avec force sur les enquêteurs qui l'interrogeaient. Pour lui, il était préférable de se faire assommer tout de suite plutôt que de se faire torturer. Il fut conduit à la prison de Bordeaux et envoyé au cachot avec d'autres gars qui en faisaient voir de toutes les couleurs aux gardiens.

Un autre détenu, du nom de John F., réussit à s'emparer de quelques laissez-passer de visite qu'un gardien avait jetés à la poubelle. Ces autorisations étaient remises aux visiteurs qui devaient les rendre au gardien à leur sortie. Il les donna à Ti-Guy L., qui était aussi au cachot. Après discussion, on trouva que Ti-Guy était trop connu. On remit donc les laissez-passer à Georges Scarnino.

Le 16 septembre 1961, Georges, qui faisait sa marche quotidienne d'une heure, sauta le petit mur de six pieds derrière le cachot, longea le bâtiment et fit semblant de sortir de la salle de visite. Il marcha sur le grand trottoir jusqu'à la double grille. Là, il vit le gardien qui semblait l'attendre. Ce dernier venait tout juste de commencer son quart de travail. Georges gardait son calme; il serra tout contre lui un porte-document qu'il s'était procuré. Sortant une vieille montre de sa poche et faisant semblant de regarder l'heure, il tendit son laissez-passer au gardien en lui disant :

— It's a beautiful day.

— Yes Sir, de lui répondre le gardien avant de lui ouvrir toute grande la première porte. Good day, Sir, ajouta-t-il en marchant derrière lui et en lui ouvrant la seconde porte.

Georges Starnino venait de réussir la plus belle évasion jamais faite à la prison de Bordeaux. Il fut arrêté un peu plus tard à Vancouver et amené au pénitencier Saint-Vincent-de-Paul où j'étais. Il avait une peine de quinze ans à purger. Sur son dossier, il était inscrit : «Extrêmement dangereux». Peu après son arrivée, il se révolta contre les gardiens, ce qui finit par mal tourner, car il eut les doigts de la main brisés à coups de bâton. Il reçut toute une raclée et se réveilla au cachot encore plus révolté.

Histoires d'entrepôts

Un jour que je travaillais dans l'entrepôt de la cuisine, je décidai d'aller prendre une douche. Je vis qu'il y avait une grande fissure dans le mur et j'y entrai la main. J'en ressortis un gros morceau de peau de cochon dans laquelle on avait pratiqué une incision. Par la suite, on m'expliqua que ce morceau de lard servait de vagin à certains détenus qui l'utilisaient pour se masturber...

Une autre journée de travail à l'entrepôt, je fis un trou dans la cage où était entreposées les denrées alimentaires les plus coûteuses. Je vidais des caisses de Bovril pour les revendre aux gars qui le faisaient chauffer dans leur cellule, surtout les jours d'hiver. Je remplaçai bien les douze bouteilles de Bovril par six gallons de pêches en conserve et recollai le dessus de la boîte avec du ruban gommé. Je revendais une bouteille de Bovril pour cinq paquets de tabac McDonald. J'en étais rendu à ma quatrième caisse de Bovril lorsqu'un détenu condamné à vie, qui venait chercher la marchandise par une fenêtre de la cave, me dit qu'un gardien l'avait surpris.

Je me retirai au bureau pendant que mon ami plaidait sa cause auprès du gardien en essayant de le convaincre que s'il le dénonçait, sa libération conditionnelle serait remise encore plus loin. Le gardien, qui était dans la cage et le tenait au bout de sa carabine, lui dit :

— O.K. Va-t-en. Mais je suis obligé de donner l'alerte.

Cinq à six minutes après, plusieurs gardiens entraient dans l'entrepôt en courant. Tout leur paraissait normal. Les mailles de broche étaient bien à leur place, les caisses étaient bien fermées avec du ruban gommé. Monsieur Chenier me demanda si des détenus étaient entrés dans l'entrepôt.

— Oui, Monsieur. Mais j'étais très occupé et je n'ai pas porté attention à savoir qui c'était.

Ainsi se termina l'histoire du Bovril.

À quinze heures trente, je finissais mon travail dans l'entrepôt. Je devais ensuite servir le souper. Je travaillais donc à la ligne, c'est-à-dire une sorte de travail à la chaîne. Nous avions des tas de cabarets que nous remplissions, l'un après l'autre. Au début, nous placions des légumes, betteraves au vinaigre, navets ou salade. Venaient ensuite les pommes de terre pilées ou en robe de chambre, une ou deux côtes de porc, un carré de beurre, du pain, et une tasse de thé ou de café. Au bout de la ligne, un espace carré menait à un passage. Les détenus passaient et ramassaient leur cabaret. Plusieurs d'entre eux laissaient tomber la nourriture qu'ils n'aimaient pas par terre. C'était parfois une patate en robe de chambre qui roulait par terre, ou des tranches de pain. Après le défilé des quatre cent cinquante détenus et de leurs cabarets, le passage était jonché de nourriture. Les gardiens fermaient alors les portes aux extrémités et les rats arrivaient par centaines. Je devais ensuite aller nettoyer.

Un jour que je passais par le carré avec un manche de pelle dont la partie inférieure avait été enlevée, je me mis à frapper comme un fou déchaîné parmi les rats. Un des rats s'était sauvé entre un tuyau et le mur. Le coquin me sauta sur l'épaule pour ensuite se sauver par terre en lançant de petits cris. Je fis le compte du massacre : treize morts, quatre blessés que je m'empressai aussitôt d'expédier au paradis des rats.

Le vendredi, je commençai à avoir un gros mal de dents. Lorsque le gardien passa yeux baissés devant ma cellule, je lui dis :

— Monsieur! Monsieur!

— Oui, me répondit-il en regardant de tout côté en se méfiant.

— J'ai bien mal aux dents, dis-je, les larmes aux yeux.

— Très bien.

À sa prochaine ronde, il me remit une feuille de papier et un crayon afin que je remplisse une demande qu'il devait remettre pour la visite des malades du lundi. Le lundi, le dentiste essaya de me geler la gencive avec un liquide qui n'eut aucun effet. Ce boucher m'arracha tout de même une grosse molaire en ayant soin d'extraire, pour l'occasion, un bon morceau de chair qu'il s'empressa de me recoller et qui me pendit dans la bouche pendant plusieurs jours.

Chapitre XV

SOUS LE MASQUE DE LA COLÈRE

U N jour, je me promenais dans la cour du pénitencier en compagnie d'un autre détenu nommé Georges Marcotte. Il disait que, lorsqu'il sortirait, il se remplirait les poches et que pas un «chien» ne l'aurait vivant, car il les descendrait tous avant. Nous ne lui portions que très peu d'attention, car c'était un langage courant dans la boîte. Peu de temps après, Georges Marcotte fut libéré.

Le 14 décembre 1962, trois individus, dont l'un déguisé en Père Noël, pénétrèrent à la succursale bancaire du 6007, chemin Côte-de-Liesse, à Montréal, et volèrent le contenu des tiroirs-caisses. L'alerte fut donnée et deux patrouilleurs, les agents Denis Brabant, trente et un ans, et Claude Martineau, trente-cinq ans, furent accueillis par une rafale de mitraillette et tués. Le trio fut repris et Georges Marcotte fut condamné à la prison à vie. Le deuxième, Jean-Paul F., eut une sentence réduite pour avoir collaboré avec les enquêteurs. Durant son séjour de détenu, on chercha à le tuer à plusieurs reprises. Le troisième, Jules R., est mort dans l'aile psychiatrique de la prison de Bordeaux. En 1982, Georges Marcotte fut placé dans un programme de réinsertion sociale où il échoua. Les années de détention avaient laissé leurs marques.

En 1985, Georges continuait de purger sa condamnation à vie au pénitencier. Il demeurait dans un «camp de prison» près de Kingston. Donc, ce que Georges Marcotte nous disait en se promenant avec nous, il l'avait fait en partie, même si cela devait par la suite le détruire. En 1989, à l'âge de 62 ans, Georges fut de nouveau arrêté à Calgary et accusé de sept vols à main armée.

Le matin, les détenus de confiance (les Trusty) sortaient de leurs cellules aussitôt que les gardiens avaient pris leur place. Un jour, l'un des détenus s'approcha de la tour et demanda au gardien de descendre la chaudière. Le gardien, se méfiant du détenu, lui cria qu'il n'avait besoin de rien. Le détenu mit alors un doigt sur ses lèvres et se pointa la poitrine afin que le gardien comprenne qu'il ne voulait pas qu'on mentionne son nom. Lorsque le gardien vit cela, il descendit la chaudière de la tour. Le détenu y plaça un objet que le gardien s'empressa de remonter. C'était un pistolet chargé. Le gardien Jean L. regarda alors le détenu, mit son doigt sur sa bouche, se pointa la poitrine. Le détenu fut alors rassuré, et le gardien tint promesse en gardant toujours un silence de mort.

Il y eut une enquête. Aucun gardien n'avait perdu son pistolet. Par la suite, on découvrit que c'était le gardien qui travaillait dans la cage de la cuisine qui avait un jour pris sa carabine d'une main et posé nonchalamment sur son épaule sa ceinture qui portait le pistolet. Pendant qu'il marchait, le pistolet était tombé de son étui, incident qui aurait pu fort mal tourner si un des détenus en colère avait mis la main dessus ou si les détenus avaient su le nom de leur confrère qui avait remis l'arme au gardien.

L'accusation de tentative de meurtre

Depuis novembre 1959, Robert «Divine» Dagenais purgeait une peine de sept ans au pénitencier Saint-Vincent-de-
Paul pour un vol à main armée commis dans un dépanneur de
Montréal. Le 18 janvier 1962, vers quatre heures de l'après-
midi, il recevait un coup de couteau juste en dessous du coeur,
pendant qu'il faisait la queue pour recevoir son repas du soir.

À dix-huit heures vingt, ce soir-là, cinq gardiens venaient
me chercher dans ma cellule en rapport avec cet attentat. Ils
m'ont enchaîné les pieds et amené à l'administration où je fus
remis à deux détectives de Pont-Viau qui m'ont passé les
menottes. Puis, on m'emmena dans une voiture. Pas un seul
mot n'avait été échangé entre les policiers et moi. Je leur
demandai donc où il me conduisaient comme ça. Ils me regardaient, mais ne me parlaient toujours pas, comme si je n'en
valais pas la peine.

— Écoutez! J'ai le droit de savoir où vous m'amenez, leur
dis-je.

— Mon hostie de chien, tu vas le voir. Quand on aura fini
avec toi, tu ne me demanderas plus rien, répondit l'un des
détectives.

— Fais attention, John, car, au pénitencier, il boxe avec
des Noirs, dit le détective Hector.

— Lorsque nous aurons fini avec lui, il ne sera plus en
état de boxer avec personne, répondit le détective John d'un
ton ironique.

Et c'est ainsi que je retournais à la Sûreté provinciale de la
rue Saint-Gabriel, treize ans après mon premier séjour, à l'âge
de douze ans. Mais cette fois-ci, c'était sérieux, car le système
avait laissé sa marque. À vingt-cinq ans, je n'entrais plus en
pleurant, mais en criant vengeance.

On m'enregistra sous le faux nom d'Arthur Lafrance, puis on me fit enlever mes souliers et ma ceinture. On me remit des chaussettes de papier avant de me conduire au cinquième étage. On dit ensuite à l'officier responsable :

— À tenir *incommunicado*.

Dès lors, je savais que j'étais dans de mauvais draps. À vingt-deux heures trente, ce soir-là, deux policiers de la Sûreté provinciale sont venus me chercher pour prendre ma photo et mes empreintes digitales. Ensuite, on me ramena à ma cellule. Un peu plus tard, à une heure trente du matin, dans la nuit du 18 au 19 janvier 1962, mes sinistres détectives, Hector et John, m'ont remis les menottes et ramené dans la salle de tir (salle de torture), laquelle était située à l'étage inférieur. Là, ils m'ont appris que je serais accusé du meurtre de Robert «Divine» Dagenais. Après plusieurs questions, Hector me dit :

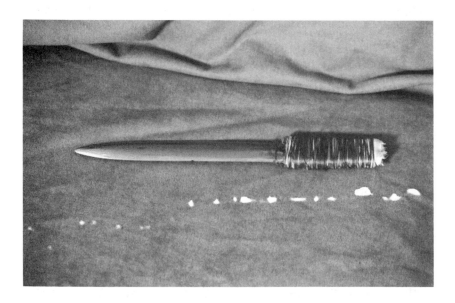

Couteau au manche entouré d'une guenille
Photographie : André Kouri

— Si tu n'as pas avoué quand j'aurai fini ma cigarette, m'as te tomber dans la face.

— La seule chose que je veux, c'est consulter un avocat, répondis-je avant de recevoir d'Hector un coup de gants dans les yeux.

— Va donc me chercher de l'eau, dit-il en faisant un clin d'œil à John.

Après le départ de John, il ajouta :

— Moi, si j'étais à ta place, je parlerais. T'as vu ce que j'ai fait! John est encore plus fort que moi; c'est un ancien commando de l'armée. Si tu n'avoues pas, tu vas y goûter. Tu n'as pas vu ce qu'il a fait aux autres...

Pendant ce temps, John revenait avec le verre d'eau. Il le remit à Hector, puis ressortit. Quelques moments plus tard, il revint avec un «jacquet» et un couteau dont le manche était enrouré d'une guenille. Il posa ensuite un vieil essuie-main sur la lumière pour assombrir la salle. Puis, il s'approcha de moi et me demanda :

— Te souviens-tu d'avoir vu ces effets-là?

— Le jacket, oui. Tous les gars en portent au pénitencier.

— Ça, ce couteau-là! As-tu déjà vu ça? me dit-il en me le mettant tout près des yeux.

— Non.

— Maudit menteur, tes empreintes sont dessus.

— Je n'ai jamais vu ce couteau.

— Comment te sens-tu, d'être un tueur, hein? demanda John qui était derrière moi en me piquant au côté droit avec le couteau.

Il continuait toujours :

— Ça va mieux à gauche, hein? hein? ajouta-t-il en me repiquant par deux fois.

Le sang se répandit sur mon gilet.

— J'ai bien envie de t'en crisser un bon coup dans la face.

Tout le temps de l'interrogatoire, on m'avait aussi donné des coups de serviette mouillée au visage ainsi que des coups de pieds sur les os des jambes. Ne pouvant obtenir ma confession, ils me ramenèrent à ma cellule à quatre heures trente du matin. Cela faisait trois heures que le supplice durait. Trois heures qui m'ont paru une éternité.

J'avais mal partout. J'étais dégoûté. Rendu à ma cellule, je me suis endormi comme une bûche, exténué.

Le lendemain soir, dans la nuit du 19 au 20 janvier 1962, John est venu me chercher au cinquième étage, encore pour m'interroger. Aussitôt que le gardien eut ouvert la porte de ma cellule, il me passa les menottes derrière le dos et, à l'ascenseur, il me dit en me poussant à l'intérieur :

— Mon hostie de chien, c'est ce soir que tu vas signer.

En bas, nous sommes passés dans un couloir. Arrivé près d'un escalier, il ajouta tout en me soulevant les bras que j'avais menottés derrière le dos :

— Y'a bien des gars qui tombent dans les marches d'un poste de police.

J'étais sur la pointe des pieds, prêt à perdre l'équilibre. Voyant que je ne disais rien, il ne me poussa pas dans l'escalier. Dans la lugubre salle d'interrogatoire, le détective Hector, qui était couché sur un banc, se leva et s'étira en disant :

— John, je suis bien reposé et je suis bon jusqu'à lundi matin. Ensuite, on va se faire remplacer. À la longue, on va l'avoir.

— Je veux voir mon avocat, leur criai-je.

— On va s'occuper de ça plus tard, répondirent-ils avant de poursuivre leurs questions.

Tout le temps de l'interrogatoire, Hector jouait avec un instrument pour aplatir les rivets, histoire de m'intimider.

— Ça ne doit pas faire de bien de se faire aplatir les doigts comme ça.

— Je veux voir mon avocat.

John, qui se promenait derrière moi, s'est élancé et il m'a donné un coup de poing derrière la tête. Je suis tombé par terre.

— Mon hostie de chien, t'en auras pas, d'avocat, me dit-il.

Par la suite, le détective John regardait de temps à autre sa main droite, celle avec laquelle il venait de me frapper. Elle était déformée et toute enflée... Ils décidèrent donc de mettre fin à l'interrogatoire.

En ressortant de la salle de tir, ils me firent monter l'escalier; puis ils ouvrirent la porte qui donnait vers l'extérieur.

— Envoie le chien! Sauve-toé, maudit lâche! Ça va me donner la chance de te tuer si tu essaies de t'évader, criait Hector.

Moi, je ne parlais pas. Je ne bougeais surtout pas. Ils me remontèrent au cinquième étage où j'étais le seul détenu sur place. Dehors, la neige tombait et il faisait froid.

Je réussis à me lier d'amitié avec le gardien qui me dit :

— Si tu promets de ne pas chercher à t'évader, je te laisserai libre, dans le passage.

Il aurait de toute façon été presque impossible de m'évader car, pour descendre, il n'y avait qu'un ascenseur et lorsqu'il s'arrêtait aux étages, la porte s'ouvrait sur la salle des policiers.

— Je te donne ma parole d'homme, dis-je au gardien.

— Je préférerais ta parole de détenu.

— Tu l'as.

C'est ainsi que cet homme adoucit un peu mes journées. Le soir, il me laissait sortir de ma cellule et, quand j'entendais l'ascenseur, je retournais à ma cellule et je retenais la porte avec mon bras. Je passais des jours et des nuits à marcher et à penser à ce qui allait m'arriver.

Plaisir d'amour ne dure qu'un moment...

Après une descente dans un village indien, les policiers avaient arrêté une belle indienne qui avait été incarcérée au même étage que moi. Pendant la soirée, une matrone est venue et, tous les quatre, nous avons joué aux cartes. J'en profitai pour leur raconter ce que les détectives m'avaient fait et je leur montrai la bosse que j'avais derrière la tête, là où John m'avait frappé. La matrone, l'indienne et mon ami le gardien me conseillèrent d'aller voir un médecin. Je fis une demande.

À vingt-trois heures, un petit homme s'amena à ma cellule en sautillant et en marmottant une chanson. C'était le docteur A.B. Clément, attitré au poste de police. En entendant son nom, je me suis souvenu. Les policiers qui nous escortèrent à l'école de réforme en 1948, mon frère et moi, avaient trouvé ce médecin un peu bizarre, puisqu'il avait convoqué l'un d'eux à la morgue de Montréal pour y subir un examen médical. Ça faisait belle lurette que ce petit homme était affecté à cet endroit. Je me disais : «Tant qu'à y être, peut-être même dans le temps du "Macchabée de la rue Bourbonnière", meurtre crapuleux qui n'avait jamais été résolu».

Je racontai donc au docteur Clément le traitement que j'avais subi. Il hochait la tête, continuait à marmotter sa petite chanson, me laissant entendre par cela que mon cas ne l'intéressait pas. J'étais malade. Et il était payé pour me soigner, un point c'est tout. Au bout de quelques minutes, il me remit deux pilules pour le mal de tête et un verre d'eau qu'il me fit prendre devant lui. Puis, il repartit, comme il était venu.

Le lendemain soir, mon ami le gardien, qui jouait aux cartes avec moi, me dit :

— André, si tu veux, la jeune indienne aimerait ça être seule avec toi. Tu peux aller dans la cellule du fond.

Après deux ans de détention, une telle offre était inespérée; même que j'avais peur que ce fut un coup monté. L'appel des sens était le plus fort. La journée suivante, cette jeune fille comparaissait à la Cour et je ne l'ai plus jamais revue.

*

*   *

Après dix jours au cinquième, je fus transféré au deuxième étage. En me conduisant à ma cellule, on me fit passer près d'un bureau où j'attendis quelques minutes. Il y avait un pupitre avec un tiroir entrouvert. J'y aperçus les menottes et les clés. Je réussis à prendre une clé, que je cachai momentanément dans ma bouche. Puis j'ai vu passer un autre détenu qui m'était inconnu et me lança :

— Salut, André!

— Amenez Michel Lechasseur au cinquième étage, et placez-le *incommunicado*, dit l'un des gardiens à son confrère de travail.

Michel était accusé d'avoir tué un détenu au moyen d'un morceau de tige à souder qu'il aurait placé dans un bout de manche à balai. À la suite de cette accusation, il fut condamné à la prison à vie. Il eut toutefois le temps de me dire en passant :

— Il y a un des chiens qui m'interroge qui a la main dans le plâtre.

— O.K. là, ça va faire, le parlage, cria le gardien.

— Toé, le chien, écœure pas! répondit Lechasseur.

Je compris alors que ce détenu n'avait pas froid aux yeux. On me plaça donc dans la grande cellule au deuxième étage, la même que celle où j'avais déja dormi un soir, à l'âge de douze ans.

Le lendemain, 29 janvier 1962, je comparaissait pour la première fois devant le Juge Théberge, soit douze jours après mon transfert. Aussitôt qu'on m'appela, je me levai et demandai au Juge la protection de la Cour en cherchant à lui expliquer que je subissais des mauvais traitements de la part des enquêteurs. Sa réponse ne se fit pas attendre :

— Demandez protection là d'où vous venez, c'est-à-dire au pénitencier Saint-Vincent-de-Paul.

C'était l'endroit où j'avais été accusé pour tentative de meurtre sur un confrère détenu. Le Juge m'assigna alors la date de mon enquête préliminaire.

Je retournai donc à nouveau dans ma cellule où je rencontrai Marcel L., qui avait été arrêté pour un délit mineur, et qui m'apprit que Robert «Divine» Dagenais, qu'on m'accusait d'avoir tué d'un coup de poignard, était bel et bien vivant. Je lui racontai alors ce que m'avaient fait les enquêteurs. Il me demanda s'ils avaient réussi à m'arracher une confession.

— Non, lui dis-je, ce n'est pas moi qui l'ai poignardé.

J'en profitai pour lui demander de contacter un avocat.

— N'aie pas peur, André. Tiens le coup. Je sors sur caution cet après-midi et je vais faire ta commission.

Et c'est ainsi que maître Philippe Panneton se présentait à la Sûreté provinciale du Québec, rue Saint-Gabriel, afin de s'entretenir avec moi. Mais on lui dit qu'il n'y avait personne du nom d'André Laflamme à la Sûreté... Maître Panneton, n'en étant pas à sa première cause, demanda à voir le livre des inscriptions. Voyant le nom «Arthur Lafrance», il fit le rapprochement avec les initiales de mon nom, et demanda à voir cet Arthur. J'avais enfin un avocat d'une grande expérience.

Quand je lui eus raconté ce qu'il m'arrivait, il me rassura. Le lendemain, je fus transféré à Bordeaux. À compter de ce jour, je comparaissais presque régulièrement à la Cour. Mon avocat demandait chaque fois que je sois renvoyé au pénitencier Saint-Vincent-de-Paul; ce qui lui était accordé. Cependant, on continuait de me garder à Bordeaux.

Les policiers provinciaux se fichaient bien de l'ordonnance. Ils faisaient ce qu'ils voulaient. Ils m'avaient installé dans une cellule, en face de l'infirmerie, que je surnommai «La cellule du désespoir».

Je ne pouvais pas en sortir, étant incarcéré vingt-quatre heures sur vingt-quatre et ne voyant personne; aucune activité,

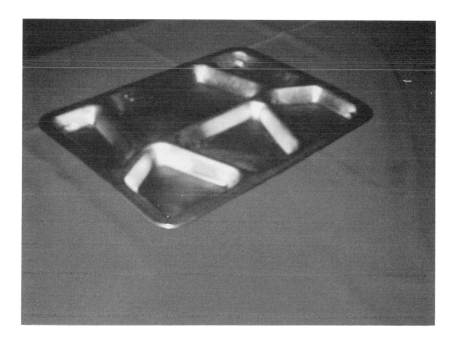

Cabaret
Photographie : André Kouri

ni lecture, ni rien. Il y avait aussi cette maudite lumière au pla- fond haut d'environ dix pieds, toujours allumée, qui me brûlait les yeux. La tension commençait à se faire sentir; j'étais assailli par toutes sortes d'idées noires. Je songeais même au suicide. Afin de chasser ces idées, la seule chose que je pouvais faire, c'était de la marche d'un mur à l'autre sur une surface d'environ neuf pieds, et aussi des «push-up». Souvent, la rage m'empor- tait et je frappais sur les murs à grands coups de poing.

Par la suite, il y eut un autre meurtre au pénitencier. Afin d'essayer d'enrayer cette vague de règlements de compte, les gardiens tenaient les détenus enfermés dans leur cellule. Certains détenus qui avaient peur se promenaient avec un cabaret en fer sous leur chemise.

Chapitre XVI

LE PROCÈS

D ANS les pages qui suivent, je résume, à partir de la transcription des paroles prononcées à la Cour, certains témoignages qui montrent un manque de respect total envers l'être humain, l'irresponsabilité de certains notables dans une cause où ma vie était en jeu.

Les personnes suivantes ont joué un rôle important dans l'enquête préliminaire qui a précédé mon procès pour tentative de meurtre :

Georges Lebel, médecin
Hector R., policier
John L., policier
René L., policier
Raymond M., policier
M. Surprenant, directeur du pénitencier
Dr. A.B. Clément, médecin attaché à la SPQ
Dr. Mc., médecin qui prodigua des soins au policier John L.
Alcide B., dit La Suzanne, détenu
Lucien M., dit Le Rouge, détenu.

A.B. Clément, médecin de la Sûreté provinciale du Québec, sous assermentation

PAR LA COURONNE

Q. : – À la Sûreté provinciale le 18 janvier 1962, est-ce que vous avez examiné les détenus?

R. : – Oui, le 18 janvier 1962, j'ai reçu un appel vers 11 h 15. J'ai examiné les détenus Alcide B. Coco R..., André Laflamme, MacGregor et Lemieux.

Q. : – Dites-moi, docteur, qui vous appelle à ces heures-là?

R. : – Le sergent de garde Malo; c'est lui qui m'a appelé.

Q. : – Est-ce que vous avez fait vous-même une entrée dans un procès-verbal lorsque vous avez procédé à l'examen de ces détenus-là?

R. : – Non

Q. : – Vous avez examiné Laflamme aussi?

R. : – Oui, le même soir.

Q. : – Est-ce qu'il a dit quelque chose lors de l'examen?

R. : – Non, je lui ai donné des médicaments pour le mal de tête.

PAR LA DÉFENSE

Q. : – Combien de détenus avez-vous examinés ce soir-là?

R. : – Cinq.

Q. : – D'après votre témoignage, les cinq détenus que vous avez examinés étaient en parfaite santé. Vous n'avez rien relevé?

R. : – Rien du tout.

Q. : – Comment expliquez-vous ça? Si les cinq détenus sont en parfaite santé et qu'on a pris la peine de vous déranger à cette heure-là?

R. : – ...

Q. : – N'est-il pas vrai qu'ils se sont plaints à vous d'autre chose?

R. : – Non, monsieur.

Après ce témoignage, le docteur A. B. Clément était certain de garder son emploi pendant de nombreuses années.

PAR LA COURONNE

Q. : – *(au gardien Prud'homme).* Étiez-vous en service le
     18 janvier 1962?

R. : – Oui, monsieur. J'étais de garde dans la cage qui fait
     face à l'entrée du couloir qui mène à la cuisine.

Q. : – Si je vous montre ces photos, pourriez-vous me dire à
     quel endroit vous étiez au moment de l'incident?

R. : – Oui, monsieur, c'est à cet endroit.

Avocat de la Couronne : – Votre Honneur, je voudrais que
     ces photos soient mises comme exhibit numéro 1.

Le Juge : – Bien, si l'avocat de la défense n'a pas d'objection.

Défense : – Pas d'objection, Votre Honneur.

Avocat de la Couronne :   Racontez-nous ce que vous
     savez de l'incident.

Gardien : – La porte qui mène au couloir s'est ouverte et
     tous les gars ont poussé pour entrer; puis il y a eu
     comme un recul. Après, j'ai vu R. Dagenais qui montait
     la côte et là, j'ai vu quelque chose tomber. Je lui ai crié :
     «Robert, tu as perdu quelque chose». C'était un gros
     couteau qui venait de tomber de son dos.

Avocat de la Couronne : – Pouvez-vous identifier quel-
     qu'un qui était sur les lieux à ce moment-là?

Gardien : – Non, monsieur. Il y avait trop de personnes.

TÉMOIN SUIVANT
Régent Gervais, infirmier, pénitencier Saint-Vincent-de-Paul, sous assermentation
PAR LA COURONNE

Q. : — Dagenais s'est présenté au dispensaire?

R. : — Oui, je lui ai donné les premiers soins.

...Et le témoin ne dit plus rien.

TÉMOIN SUIVANT

Georges Lebel, médecin, sous assermentation

Q. : — Le 18 janvier 1962, avez-vous eu connaissance d'une tentative de meurtre au pénitencier Saint-Vincent-de-Paul?

R. : — Officiellement, non.

Je représente l'administrateur général et suis autorisé par lui à répondre aux questions devant la Cour. J'ai ici le rapport médical de Robert Dagenais, 25 ans, admis vers six heures du soir le 18 janvier 1962 au Queen Mary Hospital. Il était dans un état de choc; le médecin qui l'a soigné a trouvé une plaie au niveau de la région lombaire gauche; la victime était dans un état cadavérique. Après pansement, vers huit heures, le patient a été admis à la salle d'opération où il passa quatre heures. Il avait le péritoine et la prostate perforés.

Q. : — Est-ce que c'était une plaie grave?

R. : — Oui, mortelle, sans aucune chance de survie.

TÉMOIN SUIVANT

Major Grégoire Surprenant, directeur du pénitencier Saint-Vincent-de-Paul, sous assermentation

PAR LA COURONNE

Q. : — Est-ce que vous étiez en fonction le 18 janvier 1962?

R. : — Oui, monsieur.

Q. : — Avez-vous reçu une visite de quelqu'un de la Sûreté provinciale?

R. : – Oui, messieurs L... et R....

Q. : – Lorsqu'il y a des policiers qui désirent interroger les détenus, est-ce que la plupart du temps on ne les interroge pas au pénitencier?

R. : – Oui, dans la majorité des cas.

... et le témoin ne dit plus rien.

TÉMOIN SUIVANT
Raymond M., agent de la Sûreté provinciale, sous assermentation
PAR LA COURONNE

Q. : – Le 18 ou le 19 janvier 1962, vers 11 h 30, étiez-vous en service?

R. : – Oui, le 18, de cinq heures à une heure du matin, au bureau de la réception des prisonniers. J'ai vu MM. R... et L... vers 11 h 30 le 18 janvier 1962. Ils m'ont amené un nommé l'aflamme ici présent. Nous avons mis l'accusé dans les cellules. Je sais qu'il a été demandé par MM. R... et L... pour être questionné. J'ai aussi reçu un M. Alcide B...

TÉMOIN SUIVANT
Alcide B., détenu, dit la Suzanne
PAR LA COURONNE

Q. : – Avez-vous été témoin d'un incident qui se serait produit au pénitencier Saint-Vincent-de-Paul le 18 janvier 1962?

R. : – Non.

Devant cette réponse, l'avocat de la Couronne jeta un coup d'œil aux enquêteurs, puis dit aux témoins : «J'ai ici une déclaration signée». À ce moment-là, Alcide B. se mit pleurer en criant : «Ça» en pointant les deux enquêteurs. «Ce sont eux qui m'ont battu. Regardez mon nez, ils me l'ont brisé; ici, ils ne me battront pas; ici, je vais dire la vérité; c'est eux qui ont écrit ce qui est sur la déclaration. Ils m'ont dit : «Ce que l'on veut de toi, c'est que tu signes. Nous, on va te frapper jusqu'à ce que tu signes. Sinon, tu vas mourir icitte».

Sur la demande de l'avocat de la Couronne, Me Franklin, la cause fut remise au lendemain. Le lendemain à 10 heures, le juge fit son entrée, puis les policiers-enquêteurs apportèrent des photos d'Alcide B. prises au moment où celui-ci avait été arrêté. On cherchait à prouver qu'il avait déjà le nez cassé, mais un doute persistait.

TÉMOIN SUIVANT
Raymond M., agent de la Sûreté provinciale, sous la même assermentation
PAR LA DÉFENSE
Q. : — Lorsque Alcide B. est revenu de l'interrogatoire, c'est à ce moment-là qu'il vous a dit qu'il avait reçu un coup de poing sur le nez?
R. : — Oui.
Q. : — Est-ce que ce n'est pas suite à ça que vous avez fait demander le médecin?
R. : — Je ne me souviens pas.

PAR LE TRIBUNAL
Q. : — Vous n'avez pas de dossier concernant les événements de la nuit?
R. : — ...
Q. : — Vous n'avez aucune note?
R. : — Non.
Et le témoin ne dit plus rien.

TÉMOIN SUIVANT
Jacques R. (Coco), détenu, sous assermentation

Q. : — Le 18 janvier 1962, entre 4 heures et 4 h 30 de l'après-
midi, où étiez-vous?

R. : — On s'en allait prendre notre souper.

Q. : — Au moment où vous attendiez à l'entrée, qui était là?

R. : — On était environ cent cinquante personnes.

Q. : — Est-ce qu'il y a des personnes ici présentes en Cour qui
étaient là?

R. : — Laflamme, Alcide B., Dagenais aussi.

Q. : — Avez-vous vu quelque chose se passer?

R. : — La seule affaire que j'ai vue, c'est que Dagenais a passé
dans la «gang». Là, les gars ont dit : «Il vient de se
faire poignarder. Il a un couteau dans le dos». Là, on
s'est tous poussés et il est passé (Dagenais).

Q. : — En avez-vous vu d'autres que Dagenais?

R. : — J'étais à peu près à 15 pieds de Dagenais. Laflamme
était à côté de moi et Alcide B. à 15 pieds quand les
gars poussaient. C'est là que c'est arrivé.

Q. : — Où était Laflamme?

R. : — À côté de moi.

Q. : — Alcide B.?

R. : — Direct de l'autre côté (en l'indiquant).

Q. : — Est-ce que l'accusé a fait quelque chose?

R. : — L'accusé? On se tiraillait, on poussait pour essayer
d'entrer.

Q. : — Est-ce que l'accusé était près de Dagenais?

R. : — Il était à côté de moi, à peu près à dix pieds.

PAR LA COURONNE

Q. : — Avez-vous fait une déclaration aux officiers le 19 janvier,
le lendemain de l'incident?

R. : — Ils nous ont descendus le 18 au soir, en bas icitte, où on
tire de la carabine.

PAR LE TRIBUNAL

Q. : — Est-ce bien votre signature?

R. : — Oui monsieur.

Q. : — Le point qui me frappe, c'est que vous avez dit que Dagenais était loin de l'accusé et dans la déclaration, vous dites qu'ils étaient collés ensemble?

R. : — Je peux jurer qu'il était au moins dix pieds en avant.

PAR LA COURONNE

Q. : — Le 19 janvier 1962?

R. : — Ça monsieur le Juge, c'est le papier (déclaration); c'est ce que l'officier a marqué et qu'il m'a fait signer. J'ai encore une marque icitte.

Q. : — Qui vous a fait cette marque-là?

R. : — Le gros Hector R... qui est là, et l'autre, le grand maigre (indiquant John L...). Ils m'ont «punché» avec des coups de judo dans le cou. Lui, John, il posait des questions; ce qu'il a marqué sur sa feuille, il m'a obligé de signer. Là, j'ai dit : «Je m'arrangerai en Cour».

Q. : — Est-ce que vous avez dit ça aux officiers?

R. : — Oui.

Q. : — Depuis le 19 janvier, est-ce que vous avez parlé à Alcide B.?

R. : — Alcide B., il m'a parlé quand on m'a remonté au pénitencier. Il m'a dit : «Ils m'ont fait signer une confession». Là, j'ai dit : «Dis la vérité, je vais dire la vérité».

Q. : — Dans votre déclaration, il est cité : «(Question par John L.) : où était Laflamme à ce moment-là? (Réponse) : Il était collé sur Dagenais.» Avez-vous dit ça, oui ou non?

R. : — Non, j'ai pas dit ça.

Q. : — Également dans votre déclaration, il est cité : «(Question) : Qu'est-ce qui s'est passé ensuite?

(Réponse) : Tous les gars ont reculé de bord, Dagenais a regardé en avant de lui pour dix secondes. C'est là que j'ai vu que Dagenais avait un couteau dans le dos; ensuite, les gars sont entrés dans le passage». Avez-vous dit ça?

R. : — Oui, j'ai dit ça. Mais Dagenais a foncé pour se détacher de la «gang».

Q. : — Est-ce qu'il était collé sur Laflamme?

R. : — Non, il était plus sur ce bord-citte. Il avait coupé le rang pour sortir. Il était peut-être à dix pieds de l'accusé.

PAR LA DÉFENSE

Q. : — Ils vous ont battu avant de signer ça?

R. : — Oui.

Q. : — Si on ne vous avait pas battu, l'auriez-vous signée?

R. : — Non.

Et le témoin ne dit plus rien.

TÉMOIN SUIVANT

Hector R..., détective de la Sûreté provinciale, sous assermentation

Q. : — Vous étiez agent de service le 18 janvier 1962?

R. : — Oui, attaché au poste 2, à Pont-Viau.

Q. : — Avez-vous rencontré Alcide B..., détenu?

R. : — Oui, on l'a interrogé.

Q. : — Dans quelle circonstance ce document a-t-il été signé?

R. : — Nous avons conduit Alcide B. au département de la Sûreté provinciale. On l'a interrogé et on lui a fait une mise en garde. J'étais avec un confrère, Jean L...

Q. : — L'avez-vous battu?

R. : — La confession a été signée librement. Il a fait sa déclaration comme quoi il était témoin de l'accident. Il n'y a eu aucune menace et aucun coup de poing.

PAR LE JUGE

Q. : — Le témoin vous a dit qu'il avait été frappé dans la figure et qu'il avait saigné abondamment du nez?

R. : — Non, monsieur.

Q. : — Vous jurez ça?

R. : — Oui, monsieur. On l'a mis à part pour qu'il ne parle pas aux autres.

Q. : — Vous pouviez avoir ça, là-bas au pénitencier? Vous aviez des bureaux où vous pouviez l'interroger?

R. : — Là-bas, ils ne veulent pas qu'on fasse rien.

PAR LA COURONNE

Q. : — Est-ce que vous l'avez touché?

R. : — On ne l'a pas touché.

Q. : — Avant de signer, qu'est-ce qu'a fait Alcide B.?

R. : — Il a lu la déclaration; il a pris le crayon et il a signé.

PAR LA DÉFENSE

Q. : — À quelle heure l'avez-vous vu pour la première fois (Alcide B.)?

R. : — Je crois qu'il était aux alentours de 8 h 15.

Q. : — Qui a écrit le rapport sur la machine?

R. : — C'est moi-même.

Q. : — Ça vous a pris combien de temps à écrire ça?

R. : — À peu près une demi-heure.

Q. : — Vous avez fait combien de brouillons?

R. : — Un pour chacun.

Q. : — La balance du temps, qu'est-ce que vous avez fait?

R. : — On est arrivé à 8 h 15 et on est allé souper.

Q. : — Où l'avez-vous interrogé?

R. : — On l'a descendu en bas dans la salle des interrogatoires.

Q. : — Est-ce que c'est John L. qui l'a interrogé?

R. : – De temps en temps, c'était moi qui posais les questions.

Q. : – Vous n'étiez que tous les deux?

R. : – Oui, personne d'autre.

Q. : – Vous avez fini avec Alcide B. avant de commencer avec un autre?

R. : – Oui.

Q. : – C'est seulement vers 11 h 30 qu'il a signé?

R. : – Je ne sais pas; j'ai marqué l'heure quand j'ai eu fini mon rapport et j'ai fait ça à la dernière minute.

Et le témoin ne dit plus rien.

TÉMOIN SUIVANT
Jean L..., agent de la police provinciale, sous assermentation
PAR LA COURONNE

Q. : – Vous avez entendu le témoignage de M. Alcide B.?

R. : – Oui, monsieur. On l'a conduit au bureau de la Sûreté ici, à Montréal. On l'a interrogé, on lui a lu la mise en garde. Il a signé sa déclaration et puis on l'a monté aux cellules d'en haut.

Q. : – Est-ce que vous l'avez frappé?

R. : – Non, monsieur. C'est pas mon habitude de frapper les témoins.

PAR LE TRIBUNAL

Q. : – Le témoin nous a dit tout à l'heure qu'il avait été frappé à la figure et qu'il avait saigné abondamment?

R. : – Non, monsieur.

Q. : – Il s'est parjuré quand il a dit ça?

R. : – Je crois que oui.

Q. : – C'est oui ou c'est non?

R. : – On ne l'a pas frappé.

PAR LA DÉFENSE

Q. : — Vous avez commencé à interroger Alcide B. à quelle heure?

R. : — Je ne pourrais pas dire.

Q. : — Avez-vous à peu près une idée?

R. : — Il me semble que c'est vers onze heures ou minuit. (L'autre policier avait dit vers 8 h 15...).

Q. : — Avez-vous demandé à le questionner là-bas ou si vous avez décidé de l'amener ici tout de suite?

R. : — Oui, monsieur, parce que M. Piuze, directeur du pénitencier, a dit qu'il n'y avait pas de bureau pour le faire.

Q. : — Il vous a dit qu'il avait des bureaux vitrés?

R. : — Oui.

Q. : — Vous n'aimez pas les bureaux vitrés parce qu'on voit?

R. : — Oui, monsieur.

Q. : — Est-ce qu'au cours du mois de janvier 1962, vous ne vous êtes pas fracturé une main?

R. : — Oui, la main droite, le 21 janvier 1962, en faisant du ski.

Q. : — Vous jurez devant la Cour que vous ne vous êtes pas fracturé la main en interrogeant les témoins dans la présente cause ou à ce moment-là?

R. : — Je le jure.

Q. : — L'accident de ski est arrivé quand?

R. : — Le 21 janvier, dans le Nord, un dimanche.

PAR LE TRIBUNAL

Q. : — Qui vous a soigné?

R. : — Le docteur McDuff.

Q. : — Quand avez-vous revu le docteur McDuff?

R. : — Le 22 janvier au matin.

Q. : — Vous avez gardé votre main comme cela toute la journée du dimanche?

R. : — Oui, je ne pensais pas qu'elle était cassée.

PAR LA DÉFENSE

Q. : — Vous jurez que vous êtes allé chez le docteur McDuff le 22 janvier?

R. : — Je crois que oui.

Q, : — Jurez-vous que les 21 et 22 janvier, vous n'avez pas interrogé le témoin?

R. : — Le 21 était un dimanche et le 22, un lundi.

R. : — Un lundi, je ne pourrais pas dire.

Q. : — Et vous jurez devant la Cour que vous vous êtes fracturé la main le 21?

R. : — Je crois que oui.

Q. : — Vous jurez que vous êtes allé chez le médecin le 22?

R. : — Le 21 ou le 22, j'y suis allé une journée après la fracture.

Q. : — Voulez-vous regarder le calendrier?

R. : — C'est le 20 au matin que je suis allé chez le docteur McDuff. J'ai fait du ski le samedi.

Q. : — Tout à l'heure, vous avez dit que c'était dimanche?

R. : — C'est le 20 au matin que je suis allé chez le docteur McDuff.

Q. : — Vous avez travaillé le 19, vendredi?

R. : — J'ai fini de bonne heure le 19. Je ne pourrais pas dire l'heure. Il faudrait que je regarde mes rapports.

Q. : — Écoutez, c'est une question sérieuse. Vous n'avez pas besoin de regarder vos rapports. Avez-vous travaillé, oui ou non, la journée du 19?

R. : — Oui.

Q. : — Alors, quand avez-vous fait du ski dans le Nord?

R. : — Le 20 au matin.

PAR LE TRIBUNAL

Q. : – Il y a un instant, vous m'avez dit avoir fait du ski le dimanche et être allé chez le docteur seulement le lundi?

R. : – Je suis allé chez le docteur le 20.

Q. : – Vous m'avez fort bien dit, et d'une façon claire, nette et positive, avoir fait du ski le dimanche?

R. : – Je crois que j'ai travaillé... je crois que je ne travaillais pas le lundi.

Q. : – Et vous m'avez dit que vous êtes allé chez le médecin le lundi; maintenant, je veux savoir la vérité.

R. : – Je n'ai pas travaillé le samedi.

Q. : – Est-ce le samedi ou le dimanche que vous avez fait du ski?

R. : – Ça peut être le samedi et le dimanche. Je suis allé chez le médecin le 20 après-midi.

Q. : – Vous m'avez dit le matin, tout à l'heure?

R. : – C'était l'après-midi.

PAR LA DÉFENSE (Me Philippe Panneton)

Q. : – Pourquoi avez-vous juré tout à l'heure si facilement que vous étiez allé chez le médecin le 22?

R. : – Je n'avais par regardé le calendrier.

Q. : – Vous venez de dire au Juge que votre fracture à la main a été faite le 20 après-midi et vous venez de dire au Juge que vous avez fait du ski le dimanche?

R. : – Oui.

Q. : – Avec la main dans le plâtre?

R. : – Oui, garanti. Ma femme était avec moi.

Q. : – J'aimerais que l'on fasse venir madame L...

PAR LE TRIBUNAL

R. : − Oui, ce serait une bonne chose.

Q. : − Je trouve que vous témoignez avec une insouciance inconcevable.

R. : − J'ai fait du ski le dimanche.

Q. : − Je veux entendre un supérieur qui va me dire ce qu'il sait. Et la vérité.

TÉMOIN SUIVANT

René L., caporal de la Sûreté provinciale, sous assermentation

PAR LA COURONNE

Q. : − Connaissez-vous Jean L.?

R. : − Oui.

Q. : − Quels jours a-t-il travaillé au mois de janvier, du 15 en continuant?

R. : − Il a travaillé du 15 au 19 janvier à 5 heures de l'après-midi, ce qui peut aller dans la veillée. Le 20, il était en congé.

PAR LE TRIBUNAL

Q. : − Quel jour de la semaine?

R. : − Un samedi. Dimanche, il était en congé.

PAR LA DÉFENSE

Q. : − Est-ce que vous avez un rapport de la paye à ce moment-là, un rapport officiel?

R. : − Non, c'est une page de calendrier.

Q. : − Si on vous demande à quelle heure, le 17 ou le 19 janvier 1962, monsieur L. a terminé?

R. : − Je vous dirai ça à peu près.

Q. : − Alors, le 19, vous ne pouvez pas nous dire à quelle heure il a terminé?

R. : — Le 19, il a fini dans la veillée à 11 heures.
Et le témoin ne dit plus rien.

TÉMOIN SUIVANT
Émile McDuff, médecin, sous assermentation
PAR LA DÉFENSE

Q. : — Dans le mois de janvier 1962, est-ce que vous avez eu la visite d'un certain monsieur Jean L.?

R. : — Oui, un samedi le 20 janvier, à l'hôpital Legardeur.

Q. : — Quand vous avez vu Jean L., il se trouvait à être quelle heure?

R. : — Dix heures du matin.

Q. : — Est-ce que vous croyez que la fracture que vous avez eu l'occasion d'examiner peut être facilement faite en faisant du ski?

R. : — Cette fracture-là peut se faire facilement et de différentes façons.

Q. : — N'est-il pas vrai que cette fracture peut se faire également en frappant quelqu'un?

R. : — Absolument.

TÉMOIN SUIVANT
Lucien M. dit Le Rouge, détenu, sous assermentation
PAR LA COURRONNE

Q. : — Le 18 janvier 1962, où étiez-vous?

R. : — Au pénitencier Saint-Vincent-de-Paul. J'étais menuisier. Vers 16 h 05, on est parti de la cour de récréation pour aller manger puis, il y a un officier qui a fermé la porte pour faire attendre les détenus, parce qu'il y en avait trop en dedans.

Q. : — Je vous montre la photo numéro 1.

R. : — C'est la porte ça. On était environ soixante détenus. Là,
on a attendu à peu près cinq minutes. L'officier a ouvert
la porte et les gars ont poussé. Là, on est entré dans un
passage qui mesure peut-être quinze pieds. J'ai vu
un détenu s'en venir vers moi. Il m'a dit tout bas à
l'oreille : «Je ne crois pas qu'il y a une autre personne
qui a entendu». C'était l'accusé qui est ici en Cour. Il
m'a dit : «Si quelqu'un te demande où j'étais à cette
heure-ci, tu leur diras que j'étais avec toi». Je l'ai
regardé, sans rien comprendre. Là, il m'a dit : «Je viens
d'en *passer* un».

Q. : — En votre langage, qu'est-ce que cela voulait dire?

R. : — Habituellement, au pénitencier, quand quelqu'un parle
de *passer* quelqu'un, ça veut dire passer quelqu'un au
couteau.

Q. : — Durant le temps que vous attendiez à la porte, qui était
là?

R. : — C'est difficile à dire. Il y a tout le temps des détenus, là.
Je ne peux pas dire au juste.

Q. : — Qui travaillait dans le même atelier que vous
le 18 janvier 1962?

R. : — L'accusé, Jacques «Coco» R., Alcide B., etc.

Q. : — Dagenais, lui?

R. : — Non.

PAR LE TRIBUNAL

Q. : — Est-ce que vous avez eu connaissance d'un accident au
cours duquel Dagenais aurait été blessé?

R. : — Non, aucunement.

Q. : — Le connaissiez-vous avant?

R. : — De vue seulement. Je ne lui ai jamais parlé.

PAR LA DÉFENSE

Q. : – Vous étiez au pénitencier le 18 janvier 1962?

R. : – Oui.

Q. : – Suite à quelle sentence?

R. : – Tentative de «hold up».

Q. : – Vous avez été condamné quand?

R. : – Le 28 décembre 1960.

Q. : – Vous deviez être au pénitencier jusqu'à quelle date?

R. : – Le 10 novembre 1964.

Q. : – Une sentence de cinq ans?

R. : – Oui.

Q. : – Connaissez-vous Laflamme, l'accusé?

R. : – Oui.

Q. : – Est-ce que vous travailliez dans le même atelier?

R. : – Oui.

Q. : – Est-ce que vous habitiez dans la même section que lui?

R. : – Oui, dans la même aile; moi, je couchais au troisième et lui, au premier.

Q. : – Est-ce que vous avez eu l'occasion de vous voir tous les jours?

R. : – Oui.

Q. : – N'est-il pas vrai que vous vous voyiez dans la cour et que vous parliez ensemble?

R. : – Oui.

Q. : – N'est-il pas vrai que, quelque temps auparavant, vous avez eu une dispute avec lui au sujet du tabac?

R. : – Jamais.

Q. : – Vous jurez ça?

R. : – Je le jure.

Q. : – Est-ce qu'à votre connaissance, il se fait au pénitencier une contrebande de gilets qui sont confectionnés au pénitencier?

R. : – Peut-être.

Q. : – Vous êtes au courant que cela se fait?

R. : – Entendu dire seulement.

Q. : – Depuis le 18 janvier 1962, est-ce qu'on vous a retourné au pénitencier?

R. : – Non.

PAR LA DÉFENSE

Q. : – Est-ce que vous êtes dans une autre prison?

R. : – Oui, pas à Saint-Vincent-de-Paul.

Q. : – Est-ce qu'on vous a fait des promesses pour venir témoigner dans la présente cause quant à votre sentence?

R. : – Aucunement.

Q. : – Est-ce que l'on ne vous a pas promis une remise de peine?

R. : – Aucunement.

Q. : – Tout à l'heure, vous avez déclaré que l'accusé aurait dit: «Parce que je viens d'en *passer* un».

R. : – Oui.

Q. : – Je vous ai demandé, tout à l'heure, s'il n'y avait pas eu entre vous et l'accusé des disputes au sujet de tabac. Est-ce qu'il n'y a pas eu, à un moment donné, une transaction entre vous au sujet de tabac?

R. : – Oui, une peut-être, environ un mois et demi après mon arrivée au pénitencier.

Q. : – À ce moment-là, est-ce qu'il n'y a pas eu d'argent envoyé pour acheter du tabac à l'accusé?

R. : – Oui.

Q. : – Ce reçu ici provient-il d'une série de ces transactions?

R. : – Oui.

Q. : – Est-ce qu'à la suite de cela, il y a eu un mécontentement de votre part?

R. : — Jamais, jamais.

Q. : — N'est-il pas vrai que vous avez prétendu qu'il n'y avait pas eu le nombre ou la quantité de paquets que vous deviez avoir?

R. : — Jamais, jamais, je le jure.

Et le témoin ne dit plus rien.

TÉMOIN SUIVANT

Robert «Didine» Dagenais, détenu et victime, sous assermentation

PAR LA COURONNE

Q. : — Le 18 janvier 1962, étiez-vous au pénitencier?

R. : — Oui, je suis parti du dôme, à peu près vers 16 h 45, pour aller chercher mon souper. Je suis arrivé à la «dishwashing»; il y avait une «gang» de gars. Là, j'ai reçu un coup de couteau dans le dos. Je suis sorti du passage. Là, un type a dit : «Robert, tu as perdu quelque chose». J'ai continué quand même. C'était un couteau qui venait de tomber. Là, je suis allé voir un «chum» dans une cellule. Je lui ai dit de m'amener un pansement. Mais il a répondu : «C'est grave. Je vais t'amener à l'infirmerie».

Q. : — Pouvez-vous identifier quelqu'un qui était là?

R. : — Écoutez, j'en ai vu pas mal dans le temps et avant le coup; lorsque j'ai eu le coup, j'ai pas vu rien. J'ai sorti du passage, j'ai vu personne. Les gars étaient en arrière de moi.

Q. : — Avant le coup, qu'est-ce que vous avez vu?

R. : — Je parlais avec mon «chum» Mike B. J'étais à deux pieds peut-être de la porte.

Q. : — Avant que vous receviez le coup, qui était près de vous?

R. : — Je ne sais pas. Quand vous recevez un coup de couteau de même, vous ne regardez pas; avant ça, c'est Mike.

Q. : – Le 26 janvier 1962, vous avez signé une déclaration?

R. : – Franchement, j'étais perdu. Le coup m'avait dérangé et je suis encore dérangé. Lorsque vous avez un couteau de sept pouces et un quart dans le dos... J'étais sous les traitements, sous les piqûres et les stimulants.

Q. : – Avant de rendre témoignage, avez-vous parlé à l'accusé?

R. : – Il m'a regardé seulement; il ne m'a pas parlé.

Q. : – Boutin lui?

R. : – Non plus; je ne lui parle pas depuis un an et demi.

Q. : – Avez-vous signé cette déclaration-là?

R. : – Pour l'avoir signé, je ne me rappelle pas. Le coup m'a tellement dérangé...

Le tribunal déclare son témoin hostile.

PAR LA COURONNE

Q. : – Vous rappelez-vous si on vous a amené quelque part?

R. : – Non, je ne me rappelle pas. J'ai pris des espèces de drogues qu'on donne à l'hôpital Queen Mary; des piqûres, du sérum, des «goof balls», etc. Je ne me souviens de rien.

Q. : – Est-ce que vous avez vu le médecin ce jour-là avant de donner la déclaration ou signer le document?

R. : – Je ne me souviens de rien.

Q. : – Vous souvenez-vous de ce qui s'est passé avant le coup? Et je cite votre réponse du début : «Certainement; je suis parti du dôme vers 16 heures pour passer dans la cour pour aller chercher mon souper. J'ai rencontré mon ami et je lui ai demandé, etc.

Q. : – Avez-vous dit ça?

R. : – Je ne le sais pas.

Q. : – Est-ce que Coco R. était là?

R. : – Je ne me souviens de rien.

Q. : — Avez-vous dit : «J'ai vu l'accusé venir à moi avec un couteau dans sa main droite et s'élancer pour me frapper»?

R. : — Je ne me souviens de rien; le coup m'a trop frappé. J'ai passé près de la mort.

Q. : — Avez-vous déclaré : «J'ai vu l'accusé venir vers moi avec un couteau?»

R. : — Je ne sais pas «pantoute».

Q. : — Avant l'incident, étiez-vous copain? Le connaissiez-vous bien avant le 17 janvier 1962?

R. : — Certainement, je le connaissais comme ami. Alcide B. aussi. Je le considérais comme un ami.

Q. : — Comme le meilleur ami?

R. : — Loin de là; mais c'était un ami.

Q. : — N'avez-vous pas dit ça : «C'est lui qui m'a frappé avec un couteau le 18 janvier 1962»?

R. : — Je ne me rappelle pas du tout.

PAR LE TRIBUNAL

Q. : — Vous êtes au pénitencier depuis combien de temps?

R. : — En 1959, au mois de novembre.

Q. : — Pour quelle offense?

R. : — «Hold up».

Q. : — Quelle sentence?

R. : — J'ai sept ans à faire.

Q. : — Je compatis avec vous, vous avez reçu une blessure très grave; mais quand vous me dites que vous ne vous souvenez de rien et que vos deux compagnons viennent me dire qu'ils ont été battus par la police, je peux vous dire aujourd'hui que je ne vous crois pas.

R. : — Vous pouvez me croire.

Q. : – Le Procureur de la Couronne fait son devoir. Je l'ai
repris de la meilleure façon possible pour vous protéger
et vous, pour des raisons que je ne comprends pas,
pour des prétextes quelconques, vous devez je pense
bien penser aux représailles si vous déclarez un compagnon du pénitencier?

R. : – Non, ce n'est pas ça. Il n'y a personne qui va me faire
peur et me faire changer mon témoignage. Vous savez,
à l'hôpital, on ouvre ma porte pour me donner des
«goof balls». Je sais que pour le témoignage que je
viens de rendre, c'est moi qui va souffrir pour ça. Vous
savez, eux autres...

Q. : – Qui voulez-vous dire par «eux autres»?

R. : – Pas des détenus. Je sors en 1963, au mois d'août. Des
«tickets» pour un témoignage, ça ne m'intéresse pas.
J'aime bien avoir ma liberté, c'est l'affaire la plus chère
au monde. Mais en arrivant là-bas, je sais tout le trouble
qu'ils sont capables de me donner.

Q. : – Vous ne me ferez pas accroire que c'est quelqu'un de
l'administration qui s'est servi d'un couteau?

R. : – Non, certainement.

Q. : – C'est probablement un de vos compagnons qui attendait
son repas comme vous?

R. : – Oui, mais ce n'est pas un gars à cinq pieds de moi; c'est
pas mal difficile de venir en Cour et dire que c'est ce
gars-là. Je ne peux pas faire ça.

Q. : – C'est une histoire bien triste, c'est une bien triste situation.

R. : – À l'heure actuelle, je prends le coup comme un homme;
il faut bien que je prenne le reste comme il faut.

Et le témoin ne dit plus rien pour le moment.

...la victime revient, sous sa même assermentation.

PAR LE TRIBUNAL

Q. : — Vous avez témoigné devant moi il y a deux jours, le 7. Il a été question dans votre témoignage d'une déclaration que vous auriez signée pendant que vous étiez hospitalisé ou en convalescence. Vous m'avez dit dans votre témoignage du 7 février que vous étiez dans un état, à ce moment-là, qui vous rendait incapable de dire quoi que ce soit, que vous ne saviez pas ce qui était survenu, que vous étiez sous l'influence des calmants, etc. Je veux vous demander encore une fois, ce matin, sous votre serment, de me dire exactement ce que vous savez de l'incident du 18 janvier 1962 alors que vous étiez avec d'autres détenus et que vous étiez pour recevoir votre repas du soir. Je veux que vous me disiez exactement qu'est-ce que vous savez quant au coup de couteau dans le corps que vous avez reçu?

R. : — Je vous l'ai dit l'autre jour. Je vais le répéter encore. Sincèrement, le coup m'a vraiment dérangé. Je ne me souviens de rien.

N'oubliez pas une chose : lorsque j'ai passé à la Cour, l'autre jour, je suis arrivé au pénitencier et j'ai demandé mon repas. Ils savaient que le «baloné», ça ne faisait pas à mon estomac. Il m'ont donné ça; c'était juste pour une vengeance. Ils ne sont pas tous pareils, mais il y en a qui se revengent sur moi parce que je ne veux rien dire de la cause. Ma place, c'est pas là, à Saint-Vincent-de-Paul. C'est dans un hôpital. En réalité, je peux mourir, là.

Q. : — Vous avez entendu le médecin! Votre blessure est grave?

R. : — Oui, monsieur. Je le sais. J'aurais été aussi bien de mourir.

Q. : — Est-ce que vous avez apprécié le fait qu'on vous a bien
traité et soigné et que particulièrement, on vous a transporté dans un hôpital dans un délai restreint. C'est une
opération qui a duré quatre heures?

R. : — Je remercie tous ceux qui ont eu soin de moi. La nuit,
on ouvre ma porte pour me donner des «goof balls»,
une espèce de calmant. Avec une vie de même et
comme je suis blessé là, à 25 ans, la vie ne m'intéresse
plus bien bien... On me traite comme un «hostie de
chien» là-bas.

Q. : — Vous prétendez que ce sont des mauvais traitements.
On se donne la peine de vous donner des calmants...

R. : — Certainement, ce sont les gars, ...je suis supposé
manger seulement... Je ne blâme pas tout le monde au
pénitencier... En réalité, il y en a que c'est juste de la
vengeance; ils cherchent la vengeance. Je leur ai
demandé de ne pas me changer de pénitencier parce
que mes parents sont à Montréal. J'aime mon père et
ma mère.

Q. : — Vous n'avez pas été envoyé ailleurs?

R. : — C'est justement parce que la cause n'est pas finie. Je
n'ai jamais manqué une visite à Saint-Vincent-de-Paul.
On a barré mes visites parce qu'ils ne veulent pas que
je voie personne, même à l'hôpital. Je n'ai pas besoin
de conseil de personne, ils ne veulent pas que je voie
personne. Le témoignage que j'ai rendu l'autre jour est
exact. L'autre jour, j'ai lu un article de *La Presse*. On y
marque que j'ai dit à la Cour que c'était un de mes voisins de cellule... Je n'ai jamais dit ça. J'ai dit que l'accusé couchait au premier et que j'étais dans le numéro
neuf, et qu'il était mon ami et non pas mon plus grand
ami. Je n'ai jamais eu de dispute avec lui. Je n'ai pas

peur de personne, je n'accuserai jamais personne pour
faire plaisir aux autorités de Saint-Vincent-de-Paul.

Q. : – Vous reconnaissez que le coup que vous avez reçu
viendrait d'un compagnon détenu. Est-ce un garde?

R. : – Ce n'est pas un garde, je le sais bien.

Q. : – C'est un de vos co-détenus qui voulait vous faire dispa-
raître et qui vous aurait donné un coup de couteau qui
aurait pu entraîner votre mort?

R. : – Oui, monsieur.

Q. : – D'après les témoins que j'ai entendus, vous avez
marché avec la lame dans votre flanc sur une distance
assez considérable, avant qu'elle ne tombe?

R. : – Je peux avoir marché... pas longtemps, je peux avoir
marché un mille... Mais une affaire que je sais, j'ai pas
vu personne devant moi. Même si quelqu'un m'avait
parlé, je ne m'en serais jamais souvenu.

Q. : – Ce n'est pas parce que vous avez été blessé gravement
que vous avez le droit d'altérer la vérité et ne pas dire à
la Cour ce que vous savez. Si on découvre que vous
vous parjurez ce matin ou mercredi dernier, lorsque
vous avez témoigné devant moi, des procédures de
parjure seront prises contre vous.

R. : – Je trouve que mon témoignage est bon. Il n'y a aucun
parjure et je ne veux pas protéger personne. Je ne me
souviens de rien, la blessure m'a tellement dérangé. Là-
bas, ils savaient que la blessure était grave. Ils
devraient m'envoyer dans un hôpital. Ils savent que j'ai
un mauvais caractère. Même à l'hôpital, quand un officier sort un revolver devant un malade, il est aussi
malade que le malade. J'étais malade et il m'a pointé
son arme dans la face. Après, il est arrivé à Saint-
Vincent-de-Paul la main enflée. Il a dit que je l'avais

frappé avec une bouteille; là, il est en congé. Le docteur aurait pu mettre un autre officier. Tous les officiers qui sont passés avec moi à l'hôpital n'ont jamais rien eu à dire contre moi.

PAR LE TRIBUNAL
Q. : – Ce qui m'intéresse le plus, c'est de savoir qui a voulu vous envoyer voir votre Créateur.
R. : – Ça a l'air que mon Créateur ne voulait pas m'avoir. Je suis encore debout.
Et le témoin ne dit plus rien.

TÉMOIN SUIVANT
André Laflamme, détenu, accusé de tentative de meurtre. Le déposant est interrogé, sous assermentation, par le Greffier
Q. : – Votre nom?
R. : – André Laflamme.
Q. : – Votre âge?
R. : – Vingt-cinq ans.
L'accusé demande et obtient la protection de la Cour.

INTERROGÉ PAR ME PHILIPPE PANNETON, avocat de l'accusé
Q. : – Monsieur Laflamme, vous êtes actuellement au pénitencier Saint-Vincent-de-Paul?
R. : – Oui, monsieur.
Q. : Vous êtes là depuis combien de temps?
R. : – Vingt-trois mois, deux semaines.
R. : – Et votre sentence doit se terminer à quelle date?
R. : – Aux environs du 17 juillet 1962.
Q. : – Le 18 janvier 1962, est-ce que vous avez été témoin d'un accident arrivé au pénitencier de Saint-Vincent-de-Paul?

R. : – Pas témoin.

Q. : – Est-ce que la police vous a interrogé relativement à un incident qui se serait produit au pénitencier le 18 janvier?

R. : – Oui, monsieur.

Q. : – La police vous a interrogé à quelle date?

R. : – En deux sessions, une dans le cours de la nuit du 18 au 19 janvier et la deuxième, du 19 au 20 janvier.

Q. : – On vous a interrogé à quel endroit?

R. : – Ici, dans la salle de tir.

Q. : – Vous avez été interrogé par les officiers de la Sûreté provinciale?

R. : – Oui, monsieur, vers 6 h 20.

Q. : – On vous a gardé combien de jours?

R. : – Environ 12 jours, sans comparaître à la Cour.

OBJECTION DE LA PART DE L'AVOCAT DE LA COURONNE

Le Juge note l'objection, mais permet la question.

Q. : – Alors, vous avez été combien de jours avant de comparaître devant la Cour?

R. : – Douze jours.

Q. : – Au cours de ces douze jours, est-ce que vous avez vu d'autres personnes que les officiers de la police?

R. : – Non.

Q. : – Avez-vous demandé à voir un avocat?

R. : – Oui.

Q. : – Est-ce que vous avez vu un avocat?

R. : – Non, je n'ai pas réussi.

Q. : – Maintenant, donnez-nous les détails.

R. : – Le 18 janvier, vers 4 h 30 de l'après-midi, j'étais au pénitencier Saint-Vincent-de-Paul, faisant partie de l'atelier de menuiserie. Par la suite, j'ai été à la «change room» et là, j'ai pris, sans permission, deux gilets.

Q. : — Est-ce le gilet que vous avez demandé qu'on produise devant la Cour?

R. : — C'est un de ces gilets. Je voulais qu'il soit produit devant la Cour pour démontrer qu'il était taché de mon sang.

Q. : — Continuez.

R. : — J'amenai ces deux gilets que j'avais pris à la menuiserie et, dans le courant de l'après-midi, j'ai demandé à plusieurs de mes amis dans l'atelier s'ils voulaient m'en rentrer un dans le dôme, secteur où sont nos cellules. Les personnes auxquelles je me suis adressé ont refusé, me disant que si elles étaient prises avec, elles seraient obligées de les payer. Alors, avant d'aller à la marche, j'en ai pris un moi-même. Je l'ai camouflé sur moi, j'ai réussi à le *passer.* Puis, j'ai été à la marche avec Coco R. et Alcide B. Par la suite, je me suis dirigé vers le passage qui menait à la cuisine pour prendre mon repas. En arrivant, j'ai été retenu à environ quinze pieds de la porte, pendant trois à cinq minutes. Là, j'ai continué, toujours en compagnie de Coco R. et Alcide B. Entré dans le passage, j'ai rencontré un nommé Lucien M.

Q. : — Avez-vous parlé à Lucien M.?

R. : — Oui, j'ai dit à Lucien M. : «Je viens de *passer* un gilet». Je me suis approché le visage vers lui.

Q. : — Vous vouliez parler de quel gilet?

R. : — De ce gilet que j'avais réussi à *passer.*

Q. : — Est-ce que le gilet est le même que celui que vous avez produit à la Cour?

R. : — Oui.

Q. : — Après votre premier interrogatoire, est-ce qu'on vous a interrogé une autre fois?

R. : — Oui, la première fois, ça avait été durant la nuit du 18 au 19 et ensuite du 19 au 20, samedi, vers 1 h 30 du matin.

Q. : — Et la deuxième fois, est-ce que c'était les mêmes policiers?

R. : — La deuxième fois, il y a simplement que John L. qui est venu me chercher en haut, parce qu'Hector R. était couché sur un banc en bas, quand je suis arrivé. Le banc était situé sur le côté gauche, en descendant l'escalier pour aller à la salle de tir. Quand il nous a vus venir, il a dit à John L. : «John, je suis reposé. Je suis bon jusqu'à lundi matin» et à moi, il a dit : «Si tu n'as pas parlé lundi matin, on va se faire remplacer. À la longue, tu vas finir par parler». Rendu à la salle, j'ai répondu que je voulais voir mon avocat. Il a dit : «On va s'occuper de ça tout à l'heure». John L., qui se promenait de long en large derrière moi, à cet instant a fait une couple de pas en direction opposée. Il est revenu vite et m'a frappé derrière la tête. Par la suite, ils ont continué à me poser des questions. Puis John L. se regardait la main droite... Les questions ont duré de cinq à sept minutes. Ils m'ont ramené au cinquième étage. Par la suite, Hector R. venait me voir. Une fois, il est venu seul. Puis, une autre fois, où ils étaient deux, ils m'ont demandé si je voulais signer un papier qu'ils avaient dans les mains.

LE JUGE

Q. : — Ce que je voudrais savoir, est-ce que vous avez signé une déclaration?

R. : — Non.

ME PANNETON

Q. : – Avez-vous fait une déclaration verbale à l'officier?

R. : – Non.

LE JUGE

Q. : – Vous avez comparu devant le Juge combien de temps après le 18?

R. : – Environ douze jours.

Q. : – La plainte a été signée le 29 janvier seulement?

R. : – Je tenais à vous faire savoir que j'avais été douze jours avant de comparaître ici. J'ai comparu une fois, je voulais la protection de la Cour.

Q. : – Vous n'avez jamais dit au Juge Théberge que vous étiez détenu depuis douze jours?

R. : – Oui. Il m'a dit : «Demandez la protection du pénitencier Saint-Vincent-de-Paul». Mais c'était des policiers enquêteurs que je voulais être protégé.

LE JUGE

Q. : – Je suis convaincu que le Juge n'a pas compris.

R. : – C'est tout probable, monsieur le Juge.

PAR ME PANNETON

Q. : – Lorsque les policiers vous ont interrogé au sujet d'un incident qui se serait passé dans la journée du 18, leur avez-vous dit votre emploi du temps de l'après-midi?

R. : – J'ai raconté cela. Aux policiers, j'ai essayé de donner des explications. Ils disaient : «Ce qu'on veut avoir de toi, c'est une confession».

ME FRANKLIN (avocat de la Couronne)

Q. : – Monsieur Laflamme, vous êtes actuellement détenu pour une sentence de trois ans? Quelle plainte est portée contre vous?

R. : – Vol par effraction.

Q. : – Avant ça?

(Et ainsi pendant quelques minutes, l'avocat a voulu m'inciter à raconter mon passé judiciaire). Ensuite, il continue.

Q. : – Comme cela, vous alliez souper?

R. : – Non. Avant de m'y rendre, c'est comme j'ai raconté tout à l'heure : j'étais à environ quinze pieds de la porte. Il y avait plusieurs personnes. Jacques «Coco» R. et Alcide B.

Q. : – Revenons au 18 janvier, 4 h 30. Est-ce que Dagenais était dans la même porte?

R. : – Je pourrais pas dire.

Q. : – Lorsque vous l'avez connu, lui avez-vous parlé?

R. : – Oui, je dois lui avoir parlé.

Q. : – Est-ce qu'il y a une entente entre vous?

R. : – Non. Je l'ai vu deux à trois fois. Au moment où je le voyais, c'était dans la menuiserie.

Q. : – Alors, on vous parlait à 4 h 30, en attendant que la porte s'ouvre. Vous êtes entré parce que ça poussait?

R. : – J'ai été poussé un peu.

Q. : – Une fois passé la porte, vous sortiez dans le couloir. Qui était dans le couloir?

R. : – J'ai vu Lucien M.

Q. : – Vous aviez votre gilet sur vous?

R. : – Oui.

Q. : – Vous avez réussi à le *passer*? Quelqu'un vous a fouillé?

R. : – Oui.

Q. : – De quelle manière fouillent-ils?

R. : – En passant les mains sur le corps.

Q. : – Il n'y a pas grande difficulté à *passer* un gilet?

R. : – Ça pourrait être assez dur si le gilet était mal placé.

Q. : – Pour vous, c'était un jeu?

R. : – Non, parce que si j'étais pogné avec le gilet... Là, on était payé 0,25 $ par jour pour notre travail à la menuiserie. Si j'étais pris avec le gilet, j'aurais été obligé de payer 2,50 $, ce qui prend dix jours à gagner.

Q. : – Là, vous avez réussi à le *passer*?

R. : – J'ai réussi à le *passer*; même si rendu dans le dôme, près de la cloche, il y avait environ dix officiers.

Q.: – Les officiers ne vous ont pas poursuivi?

R. : – Non, parce que je laissais marcher les autres vis-à-vis de moi pour me cacher aux officiers.

Q. : – Une fois rendu dans le corridor, la seule personne que vous avez rencontrée, était-ce un nommé Lucien M ?

R. : – Non, il y avait plusieurs détenus.

Q. : – Connaissez-vous Lucien M.?

R. : – Oui.

Q. : – C'était un compagnon?

R. : – Je connais Lucien M.; pas assez pour être ami, au point de vue détenu.

Q. : – Maintenant, est-ce qu'il y avait d'autres personnes près de Lucien M. au fond du corridor?

R. : – Oui.

Q. : – Je lis le témoignage de Lucien M. : «Je viens d'en *passer* un...». Vous avez dit ça?

R. : – Les détectives m'ont porté une remarque là-dessus. J'ai dit : «Il finit pas sa phrase».

Q. : – Lorsque les policiers vous ont questionné, est-ce que vous avez mentionné que vous aviez un gilet?

R. : – Oui.

Q. : – Seul, vous avez réussi à *passer* le gilet?

R. : — Oui.

Q. : — Pourquoi dire à Lucien M. que vous aviez *passé* le gilet?

R. : — Peut-être parce que j'étais fier de l'avoir *passé*...

Et c'est ainsi que l'enquête préliminaire prenait fin...

ET LE JUGE CITE :

Au procès.

Et le témoin ne dit plus rien.

Aucun autre témoin n'est appelé. Donc, madame John L., épouse du détective, ne fut jamais entendue...

Pour le système judiciaire, une première étape de franchie. On me retourne encore à la prison de Bordeaux, toujours à l'encontre de l'ordonnance du Juge qui disait de me ramener au pénitencier Saint-Vincent-de-Paul.

Chapitre XVII

LE VERDICT

DE retour à ma cellule que j'arpentais à longueur de journée, je me demandai pourquoi on ne me retournait pas à Saint-Vincent-de-Paul. J'étais vraiment découragé; je pensais même à me suicider pour en finir. Allait-on me rendre justice?

Comme chaque fois que l'on croit avoir touché le fond de l'abîme, une bouée de sauvetage semble apparaître... J'entendis des voix dans le passage vers vingt-trois heures. Je m'approchai de la porte de ma cellule, où il y avait une petite ouverture. Je regardais et pensais reconnaître nul autre que monsieur Daoust, le célèbre avocat de Montréal. Je croyais rêver. Je pris une chance et me mis à crier: «Raymond! Raymond!», tout en sortant un doigt dans la petite ouverture de la porte. C'était bien lui. Il s'approcha de ma cellule. Je lui demandai s'il pouvait informer mon avocat que les policiers m'avaient encore ramené à la prison de Bordeaux, même si le Juge avait ordonné, à maintes reprises, que je sois retourné au pénitencier Saint-Vincent-de-Paul. D'une voix très calme, ce grand homme me dit:

— Ce soir-même, tu seras à Saint-Vincent-de-Paul.

Ce soir-là, soit à minuit et demi, j'y faisais mon entrée. Je lui en serai toujours reconnaissant et regretterai toujours ce grand avocat, décédé dans les années quatre-vingt.

Au pénitencier, Ti-Man, un gars de la Mafia de Montréal, m'apprit que tous les gars qui avaient été questionnés lors de mon procès avaient signé des déclarations. Je lui répondis :

— Pas moi.

Maintenant, je retrouvais du même coup certains privilèges : sortir pour la marche, voir autre chose qu'une plaque de fer comme porte de cellule. Je préférais la transparence des barreaux, et je me sentais moins seul.

Un jour, je reçus la visite de mon père. C'était la troisième fois qu'il me rendait visite depuis mon départ pour l'école de réforme. J'étais alors âgé de douze ans et j'en avais maintenant vingt-cinq. Toutefois, contrairement à ce que j'avais éprouvé lors de sa visite à l'école de réforme, je ne ressentais plus les mêmes sentiments envers lui. J'étais plutôt indifférent. Ma famille, après tout, je ne la connaissais pas vraiment. On ne m'avait jamais compris lorsque j'étais petit, car j'étais hyperactif. Alors, comment voulez-vous que mon père comprenne aujourd'hui le révolté que j'étais devenu, l'homme endurci, marqué par les établissements carcéraux...

Je montrai à mon père la bosse que j'avais toujours derrière la tête, là où l'enquêteur m'avait frappé. Cela semblait lui causer du chagrin, mais il ne pouvait rien faire pour m'aider. Avant de partir, il ne me serra pas dans ses bras; il me donna simplement la main, et sa visite fut de courte durée. C'était sans doute mieux ainsi car pour moi, tout ce qui comptait, c'était le procès à venir.

Au cours d'une marche à l'extérieur, je fis la connaissance de Georges S., un homme dont j'avais beaucoup entendu parler à cause de son évasion de la prison de Bordeaux. Georges S. était un Italien qui avait été condamné à quinze ans de pénitencier. D'un caractère plutôt taciturne, il n'était pas très commode. Il détestait tout ce qui représentait l'autorité et ne parlait que très rarement avec les détenus. Parce que nous devions passer en Cour au même moment, lui pour son évasion de Bordeaux grâce au laissez-passer, moi pour mon procès de tentative de meurtre, nous nous parlions. Lors d'une conversation, Georges S. m'apprit qu'il travaillait à la «Machine Shop» du pénitencier. Je lui dis que j'avais réussi à prendre une clé de menottes lorsque j'étais allé à la Sûreté provinciale pour mon interrogatoire. Je décidai de la lui donner et il en fit faire plusieurs exemplaires. Après cela, je fus quelques jours sans le voir parce que j'avais subi une opération au genou droit et qu'on m'avait mis la jambe dans le plâtre. Je demeurais donc à l'infirmerie.

Menottes et chaîne de taille normale
Photographie : André Kouri

Quelques jours plus tard, comme j'étais capable de me déplacer à l'aide de béquilles, les gardiens sont venus me chercher à l'infirmerie pour m'emmener à la Cour. Les détenus avaient les pieds enchaînés, et on les fit monter dans la «Grosse Bertha», un autobus de la prison de Bordeaux qui servait à transporter les détenus à la Cour. Ce fut le moment que Georges choisit pour me dire :

— André, je vais essayer de m'évader. Assieds-toi près de la porte. Si je te fais signe, tu te laisseras tomber sur le gardien qui tient la porte. Comme tu as des béquilles, ça va avoir l'air comme si tu avais glissé.

Comme nous arrivions près de la Cour, je regardais Georges du coin de l'oeil. Il faisait de gros efforts pour détacher

Des chaînes encore plus grosses...
Photographie : André Kouri

ses chaînes malgré les avertissements des gardiens. Mais la clé ne fonctionnait toujours pas. Georges n'avait pas pensé que c'était une clé pour les menottes seulement; elle n'ouvrait pas la serrure de ses chaînes aux pieds. Georges dut se résigner...

En entrant au Palais de Justice, les gardiens ont retenu Georges et l'ont fait pénétrer dans un bureau. Il le fit en maugréant. Il leur remit la clé sans trop s'en faire. Il en possédait un double qu'il cachait à l'intérieur de sa bouche. Mais, au retour, les gardiens lui mirent aux pieds des chaînes encore plus grosses... On pouvait lire un grand découragement dans ses yeux.

On était maintenant le 11 juin 1962. Devant l'honorable Juge Maurice Ouimet, on choisit les membres du jury. En compagnie de mon avocat, j'assistai à ces procédures. Tout à coup, je sursautai lorsque j'entendis le nom de Dagenais. Je fis immédiatement signe à mon avocat, Me Philippe Panneton. Il vint me voir et je lui dis qu'une personne proposée pour le jury se nommait Dagenais, et portait donc le même nom que la personne que l'on m'accusait d'avoir voulu tuer.

— Bien, bien, me répondit Me Panneton.

Il refusa le candidat. Le Juge Ouimet me fit alors tout un sermon en m'avertissant de ne plus interrompre les procédures de la Cour, sinon, le procès se ferait sans moi. Une partie des membres du jury fut choisie ce jour-là et les procédures continuèrent le lendemain. Ensuite, le procès débuta. Les témoins à être entendus étaient en partie les mêmes qu'à l'enquête, plus quelques autres à la demande de Me Panneton.

Quant aux témoignages de ceux qui avaient déjà été entendus à l'enquête préliminaire, ce fut sensiblement une répétition, à l'exception du détective John L. et d'un nouveau témoin, le docteur Gilles Maillé, orthopédiste de John L., désigné par le docteur McDuff.

Lorsque John L. témoigna, ce fut toute une révélation. À la question de Me Panneton, à savoir de quelle façon il s'était brisé la main, il répondit que ça s'était passé lors d'une partie de chasse au lièvre.

— J'avais une 22 dans les mains, j'étais en raquettes, et je suis tombé, révéla-t-il.

Aucun témoin, il était seul. Me Panneton revint à la charge devant une contradiction aussi grotesque.

— Vous souvenez-vous que, à l'enquête préliminaire, je vous ai posé la même question et vous m'aviez répondu que c'était en faisant du ski dans le Nord, et plus précisément vous avez répondu : «Oui, garanti. Mon épouse était avec moi», dit Me Panneton. Sous serment, je vous demande laquelle des versions est la bonne? Car vous savez, le ski, c'est beaucoup plus glissant que la raquette..., ajouta-t-il.

La réponse se perdit dans un gros éclat de rire.

Quant au docteur Maillé, Me Panneton lui demanda :

— Est-ce que John L. vous a dit comment il s'était brisé la main? Ne vous a-t-il pas dit qu'il s'était brisé la main en frappant sur une tête de cochon?

— Suis-je tenu de répondre à cette question?

Le Tribunal lui tendit une perche de secours en suggérant qu'il pouvait toujours se retirer derrière le secret de sa profession tout en ajoutant :

— Mais cela ne ferait pas une bonne impression quant au détective John L.

Saisissant l'occasion, le docteur Maillé s'empressa de répondre :

— Je n'ai pas le choix. Je dois me retirer derrière le secret de ma profession.

Ainsi se termina la première journée de mon procès.

Ce soir-là, je fus renvoyé au pénitencier et, avant de me coucher, je commençai à me promener de long en large sur mon petit boulevard. Comme j'avais toujours mes béquilles, le dessous de mes bras me faisait terriblement souffrir. J'avais les nerfs à fleur de peau et la tension était très forte. Je pensais que si j'étais acquitté, cela me donnerait une chance dans la vie : je travaillerais, j'essayerais de mener une vie honnête, et si j'étais chanceux, je trouverais peut-être une bonne fille que j'épouserais et avec qui j'aurais beaucoup d'enfants.

Épuisé, je m'endormis très tard dans la nuit. À trois heures du matin, je fus réveillé par un bruit de métal sur les barreaux. C'était Ti-Cul Ducharme qui criait :

— Garde! Garde! Amène-moi des pilules ou je me tranche les bras.

— Chut, chut, O.K. Je vais t'en amener à ma prochaine ronde.

— Amènes-en tout de suite ou je me tranche les bras...

— Je t'ai dit «À la prochaine ronde»!

— O.K., mon écœurant. Je me coupe. Voilà, c'est fait. T'es mieux de débarrer la «wing».

Du coup, nous avons entendu débarrer la cellule où Ti-Cul s'était coupé. Lorsque Ti-Cul passa devant ma cellule, je vis le sang qui coulait à profusion. Pour lui, c'était comme s'il n'y avait rien de nouveau sur ses deux bras; il y avait déjà une cinquantaine de vieilles cicatrices. Ti-Cul et son frère avaient fait la une des journaux dans les années soixante, lors d'un vol à main armée et aussi à la suite d'une évasion spectaculaire.

Le lendemain, Me Franklin, avocat de la Couronne, passa à l'interrogatoire des témoins de la défense. Il insistait pour faire ressortir leurs dossiers criminels; à un tel point, que Me Panneton dut intervenir en s'adressant au Tribunal :

— Votre Honneur, dit-il, j'ai l'impression que mon brillant confrère pense que ce sont tous des anges au pénitencier... Donc, sur les lieux de la tentative de meurtre, il n'y avait que deux détenus.

Devant la logique d'une telle déclaration, l'interrogatoire des témoins se termina.

On passa ensuite au long et pénible interrogatoire de la victime qui se déroula semblablement à celui de l'enquête

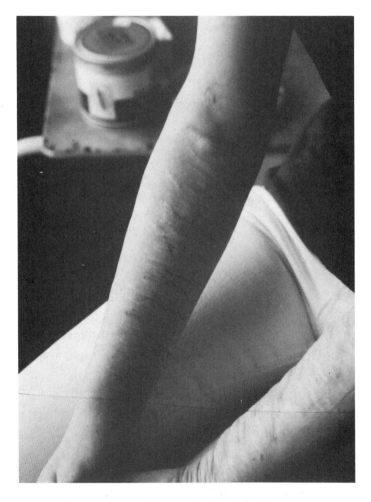

De désespoir,Ti-Cul s'était tailladé le bras
Photographie : André Kouri

préliminaire. À un certain moment, durant son témoignage, «Didine» Dagenais dit :

— Votre Honneur, on veut et on insiste pour que je dise que c'est l'accusé André Laflamme qui m'a poignardé. Mais voyez-vous, je ne peux pas, car j'ai reçu le coup dans le dos et je n'ai pas les yeux derrière la tête. Je n'ai pas vu qui m'a frappé.

Le Juge ne put que se rendre à l'évidence. Après ces faits nouveaux, il n'y eut plus de questions, ni de la part de la défense, ni de la part de la Couronne. Le Juge donna ses instructions aux jurés qui se retirèrent pour délibérer. Les témoins (détenus) furent renvoyés au pénitencier pendant qu'on me faisait attendre au quartier des cellules. Une attente qui m'a semblée une éternité... Pourtant, à peine vingt minutes s'étaient passées avant qu'on me ramène à la Cour pour entendre le verdict du jury. Qu'est-ce qui m'attendait? Les dés étaient jetés. Je savais depuis le début que ma vie était en jeu. Je ressentais une très grande impuissance; j'étais à la merci du jury. Mon cœur était comme suspendu. J'attendis de longues et interminables secondes. Je n'entendais qu'un bruit sourd, irrégulier, qui résonnait dans mes oreilles; c'était les battements de mon cœur...

Comme dans un rêve, une voix traversa le mur et une peur encore plus grande me mordit aux entrailles. La voix rappelait tout le monde à l'ordre.

— Oyé! Oyé! Le Juge arrive.

Le Juge reprit sa place et demanda :

— Monsieur le Président du jury, en êtes-vous arrivé à un verdict?

— Oui, Votre Honneur.

— Quel est votre verdict?

— Nous, les membres du jury, recommandons que l'accusation de tentative de meurtre contre l'accusé André Laflamme soit reportée *sine die* pour manque de preuve.

Pour moi, c'était l'équivalent d'un acquittement. Je n'ai pas réagi; j'étais sans force, encore tout étourdi. Ma première réaction fut un soulagement immense; après, une grande joie m'envahit. J'allais pouvoir refaire ma vie. Du même coup, j'en oubliai toutes mes peurs, tous mes désirs de vengeance. Je pensais : bientôt, je vais pouvoir être libre. On m'avait tant enlevé; je voulais tout rebâtir à l'instant. Mais après tout ce que j'avais traversé, je ne savais même plus sourire à quelqu'un; il me restait à peine trois semaines à faire. Je fus tiré de mes rêvasseries par le bruit que faisaient les enquêteurs en fermant leurs dossiers d'un air enragé. Ils étaient furieux; ils venaient de perdre leur cause. John L., pas au bout de sa colère, s'approcha de moi et me dit :

— Hé le chien! Si je te revois sur mon chemin, je te tue.

Je me retournai d'un air railleur, car la provocation suscitait en moi un sentiment de vengeance qui n'était jamais très loin et je lui répondis :

— Va donc chier, le sale.

Je remerciai Me Panneton pour sa brillante défense. À son tour, il me remit un paquet de coupures de journaux concernant mon enquête et mon procès. Certains en-têtes retenaient mon attention : «Qui était réellement l'accusé? La police ou l'accusé... Témoin battu par la police. L'accusé a un langage plus approprié à la Cour que la majorité des avocats qui se présentent au prétoire.»

En relisant ces extraits, je ressentais une espèce de fierté. J'avais réussi à combattre le système en démontrant que la violence, ça n'existait pas seulement chez le détenu; mes deux détectives en étaient la preuve.

Chapitre XVIII

L'ÉMEUTE

MON procès terminé, on me ramena au pénitencier Saint-Vincent-de-Paul. Comme j'avais toujours la jambe dans le plâtre, je choisis de retourner à l'infirmerie.

Le lendemain, mon ami «Blacky», un détenu qui servait de messager pour le courrier, vint me voir et me remit un couteau. Il me conseilla de faire attention à moi si je voulais survivre. Les gardes, voyant «Blacky» s'attarder, sont venus et l'ont renvoyé. J'avais attaché le couteau à mon poignet et mis ma manche de chemise par-dessus. Ils amenèrent un autre détenu du nom de Claude C. Il était détenu au «Cell Block», étant considéré comme dangereux. Il s'était brûlé la figure avec

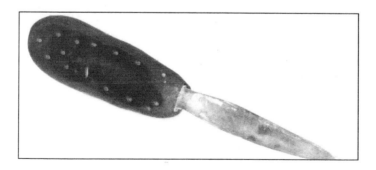

Un couteau pour se défendre
Photographie : André Kouri

de la chaux qui servait à neutraliser nos excréments dans notre chaudière d'aisance. Claude avait bien peur de perdre la vue. À la fin de l'après-midi, il fut transporté à l'hôpital Queen Mary. Son état était des plus grave. Ça faisait pourtant longtemps qu'il demandait à être remis dans le milieu carcéral. Devant l'inactivité de l'administration, il n'avait pas hésité à commettre cet acte désespéré, croyant que c'était sa seule porte de sortie du «Cell Block 1». Finalement, Claude fut libéré. Par la suite, il a écrit un livre intitulé *Ça prend un voleur*.

Un jour que nous étions dans nos cellules, un gars qui écoutait son baladeur s'écria :

Saint-Vincent-de-Paul avant la reconstruction
Photographie : archives du Bureau du Solliciteur général du Canada

— Hé les gars! Y'a un cochon qui vient de se faire tuer en ville.

— Hourra! Hourra! crièrent tous les gars en chœur.

Mon Dieu, que j'étais rendu loin de ma jeunesse... Si un policier était par contre acquitté dans une cause où il y avait eu une mort suspecte, on se disait entre nous :

— C'est pas surprenant! Ils se tiennent tous ensemble.

Ce fut une très belle journée que celle du dimanche 17 juin 1962. Une équipe de l'extérieur vint jouer à la balle. Plusieurs détenus, jeunes et moins jeunes, participaient aux activités soit en jouant, soit en arbitrant, ou étaient simples spectateurs. La partie finie, les joueurs se donnaient la main. Ils se félicitaient; tous avaient joué une belle partie. L'équipe des joueurs de l'extérieur quittait l'enceinte du pénitencier. Il était près de 15 heures 30. Tout à coup, de ma fenêtre, j'entendis Ti-Cul Roy crier :

— C'est un bingo! Ils vont frapper le gros lot!

Des coups de carabine partirent. Les détenus refusèrent de rentrer dans leurs cellules. Ils décidèrent de rester à l'extérieur. Ils dévalisèrent même la cantine; c'était de la folie furieuse. Alors les gardiens, aidés de détenus, transportèrent les blessés à l'infirmerie. Je voyais le garde Achille L., qui avait reçu un coup de barre de fer (pince à levier) dans le visage. Il gémissait comme un enfant. Johnny B., un détenu qui avait déjà travaillé avec moi à la cuisine, demanda au gardien de sortir de la cuisine avec les détenus en agitant un tablier blanc au-dessus de sa tête. Mais lorsque le garde en poste a vu cela, il a pensé que les détenus avaient pris les gardiens en otage. Il épaula alors sa carabine et tira. Johnny B. reçut un plomb de chevrotine en plein front qui glissa sur les os de son crâne pour ressortir trois pouces plus loin. Johnny B. survécut. Plus tard, il sera accusé, puis acquitté d'un vol d'un demi-million de dollars en

cigarettes. Ce même homme me demanda de participer à l'en-
lèvement du diplomate James Cross durant la crise d'octobre
1970. J'ai refusé.

Pendant que l'émeute se poursuivait, l'administration avait
pris les mesures nécessaires pour que les détenus qui étaient
à l'infirmerie soient transférés au pénitencier Leclerc.

En traversant la cour, je vis Coco L., le gars que j'avais
battu à la boxe. Un gardien le tenait par le bras. Il avait l'air d'un
«zombie» et il ne faisait que répéter :

— C'est la guerre! Tout brûle! C'est la guerre! On va tous
mourir.

Un gardien au-dessus de la menuiserie tirait sur un détenu
qui essayait de défoncer une porte à coups de masse. C'était
Punchy Rattel. Les yeux ne furent pas touchés, mais un plomb
lui était entré dans le bout du nez. J'aurais sûrement pu y intro-
duire mon petit doigt. Il avait également reçu plusieurs plombs
dans le thorax. Un détenu s'approcha. Je reconnus Gaston
Nicholas. Il me dit :

— André, fais attention à toi. C'est possible qu'ils veuillent
te passer.

— Qui ça?

— La gang à Dagenais.

Je mis la main à mon poignet. Cela me rassura, car mon
couteau était toujours là.

— Merci! lui dis-je en continuant à suivre la rangée de
détenus avec mes béquilles.

Arrivé près du mur, un gardien demanda au directeur
Michel Lecord :

— Monsieur, voulez-vous que j'en tire un autre près de la
menuiserie pour faire peur aux autres?

— Non, ce ne sera pas nécessaire.

En sortant du pénitencier, je vis arriver le Royal 22e
Régiment. Après avoir mis baïonnette au canon, les soldats

s'alignèrent deux par deux et nous conduisirent au pas de marche. Nous avons été transportés au pénitencier Leclerc. Ce soir-là, la dernière image qui m'est restée du pénitencier Saint-Vincent-de-Paul fut la vision du feu et de la fumée qui passaient par-dessus des murs de quarante pieds. Le rouge et le noir, comme on représentait l'enfer.

Arrivé au pénitencier Leclerc, j'eus un soupir de soulagement et je laissai tomber mon couteau par terre, car je pensais qu'il me serait inutile dans ce pénitencier. Nous avons été traités aux petits oiseaux. Les gardiens étaient plus détendus. Je remarquai que «Lange les yeux de poisson» avait été transféré au pénitencier Leclerc et semblait avoir une certaine autorité. Je ne passai que quelques semaines dans cet établissement et je fus surpris d'y rencontrer «Ti-Man». Il finissait de purger une peine qui allait enfin le mener à une libération. Mais cette libération fut de bien courte durée, car il devait par la suite être reconnu coupable de trois meurtres commis dans une taverne de Montréal.

À mon retour au pénitencier Saint-Vincent-de-Paul, quelle ne fut pas ma surprise de voir qu'on était en train de démolir la «Buck Wing», l'aile pour malades mentaux. On se servait d'une grosse grue équipée d'une boule de fer qu'on lançait sur les murs. En pénétrant dans le dôme, j'ai vu le gardien Bent, dit «Le Menton», qui criait :

— Vous allez voir! Icitte, c'est nous les maîtres. Nous avons le pouvoir de la loi martiale entre les mains. Vous allez faire ce qu'on vous dit, où vous allez vous faire tirer...

Tuer un détenu, ce n'était rien de menaçant pour un gardien du pénitencier. S'il venait à en être accusé, il pouvait agir comme les grands criminels nazis et invoquer l'excuse qu'il était en service et avait obéi aux ordres. Pour ces deux raisons, il serait certainement acquitté, comme on le constatera plus loin.

Le bilan de l'émeute : un mort, William (Billy) Alder, matricule 5044, et une cinquantaine de blessés; trois millions de dollars en dommages à la propriété. Vu que certains bâtiments avaient été brûlés, les rats avaient changé de résidence et les détenus qui couchaient au premier étage devaient, pour se protéger, mettre des journeaux dans les barreaux au devant de leurs cellules. Une nuit, pendant que je dormais, je sentis quelque chose qui me marchait sur le corps. J'étais figé de peur. Lorsque la sensation se fit plus forte, j'ouvris tout grands les yeux pour constater que j'avais pour compagnon de lit un gros rat. Je sautai du lit en poussant un cri de mort. Je pense que le rat eut aussi peur que moi. Il disparut si vite que je n'ai pas vu par où il était passé. Essayer de me rendormir était inutile. Je m'étendis sur mon grabat et, encore une fois, roulé en fœtus, je rêvai du jour de ma libération.

Dans cette prison, j'avais aussi côtoyé «Pretty Boy L.», un détenu qui fut libéré quelque temps après. Arrêté de nouveau à Ottawa pour vol par effraction et viol d'une femme de couleur, il fut condamné à vingt-cinq ans de pénitencier. Il choisit de se suicider.

Marcel, un boxeur, et moi discutions des conditions de détention. Marcel, sachant que j'allais être libéré bientôt, me demanda d'aller au journal *Allô Police* afin de dénoncer les conditions de vie au pénitencier après l'émeute, ainsi que le comportement des gardiens membres de la «Goone Squade». Tous, autant gardiens que détenus, étaient surexcités. C'était «œil pour œil, dent pour dent». On sentait de l'électricité dans l'air. Mais je répondis quand même à Marcel :

— Je vais m'en occuper.

Toutefois, ma première préoccupation était mon ami Gaston N. Les membres de la «Goone Squade» l'avaient passé au «bat». Il avait la tête toute déformée et on l'avait placé au cachot. La nuit précédant ma libération, vers quatre heures du matin, le gardien faisait sa ronde. Je le laissai aller jusqu'au bout de l'aile, puis appelai :

— Garde! Garde!

— Oui, oui, me répondit-il d'une voix étouffée.

— Garde à vous! lui criai-je.

Il me répondit en sacrant.

L`émeute avait éclaté deux semaines après que Michel Lecorre fut nommé directeur du pénitencier. Il remplaçait le major Grégoire Surprenant qui avait occupé le poste de 1959 à 1962. Celui-ci déclarera qu'à ce moment-là, le pénitencier était terriblement surpeuplé : il y avait mille six cent trente-cinq détenus dans un endroit fait pour en accueillir cinq cents. Les ateliers conçus pour quarante détenus devaient en recevoir quatre-vingts. Selon le major Surprenant, le pénitencier donnait asile aux criminels les plus endurcis du Canada. La règle générale des employés : «Ne pas comploter avec les détenus». Dans le passé, les employés ne travaillaient pas deux fois de suite au même poste. Cette mesure était prise en vue d'éviter la complicité avec les détenus et d'empêcher toute relation sociale. Le Major souligna aussi qu'il avait parfois l'impression que le personnel avait résolu de se venger des détenus :

— C'est comme si on travaillait de concert pour provoquer leur colère; ce qui finissait par se produire...

Chose certaine, le surpeuplement et l'attitude de certains membres du personnel avaient créé le climat explosif qui avait provoqué l'émeute de 1962.

La libération

Le jour de ma libération, on me fit signer certains documents. Puisqu'ils signifiaient ma liberté, je les signai. Ensuite, le gardien me laissa sortir. J'étais enfin très heureux.

Devant cette liberté retrouvée, je me sentais bien dépaysé parce que, psychologiquement, je n'y avais pas été préparé. Une grande peur s'empara soudain de moi. J'étais terrifié! Encore une fois, je sortais de cette jungle, de cet enfer qu'était le pénitencier Saint-Vincent-de-Paul et je me demandais : «Qu'est-ce que le monde extérieur me réserve?» J'avais vingt-cinq ans et treize ans d'institution derrière moi, treize années où j'avais appris à détester les représentants du système. J'étais rempli de haine et de vengeance. J'avais vécu des années où je comptais les mois, les semaines, les jours, les heures, les minutes et les secondes...

Mon Dieu que j'avais souffert. J'avais comme un sanglot dans la gorge, mais rien ne sortait. Étais-je devenu un légume? Je fis quelques pas sur le perron, descendis deux ou trois marches, regardai vers le ciel. Je voyais le gardien qui faisait les cent pas sur le mirador. Une voix me tira de mes pensées :

— André!

Je regardai et je vis un homme de grande taille venir vers moi. C'était mon père, cet homme que j'avais tant aimé sans vraiment le connaître. Ma mère était là aussi, tout près. Elle pleurait. Elle me disait :

— Tu ne peux pas savoir toutes les neuvaines que j'ai dites pour que tu sortes vivant.

Quelque chose en moi étouffait mes sentiments; j'étais heureux, mais mortellement froid. La voix remplie d'émotion, mon père me dit :

— Nous avons tellement eu peur de te perdre.

Je le regardais, cherchais à les évaluer. «Qu'est-ce qu'ils pouvaient m'apporter?» La réalité reprenait le dessus. Doucement, des larmes se libéraient de mes yeux. Je ne pouvais m'empêcher de penser : «Je m'en suis sorti vivant».

L'adulte qu'ils ramenaient avec eux à Hull n'était plus l'enfant qu'ils avaient connu, mais une création du système. J'étais devenu institutionnalisé.

Je ne m'en allais pas sans argent. J'avais un petit chèque du pénitencier et j'avais également un montant d'argent que j'avais réussi à amasser derrière les murs en faisant de la «gamique». J'avais confié cet argent à un ami qui, dès qu'il me vit passer les contrôles, s'arrangea pour me remettre l'enveloppe. Ensuite, je me rendis à la Caisse toucher mon chèque et, à ma demande, mes parents me conduisirent chez Me Panneton, qui était malheureusement absent. Je lui laissai la somme de trois cents dollars en acompte, et un message lui disant de s'occuper de mon ami Gaston N. parce que les autorités du pénitencier l'avaient accusé d'être l'instigateur de l'émeute. Il y avait également la promesse que j'avais faite à Marcel Marcoux : je téléphonai au journal *Allô Police*. Mais ces derniers voulaient faire les choses en grand, avec ma photo en première page. Mon père me fit alors comprendre que si j'acceptais, il me serait encore plus difficile de me trouver un emploi. Je laissai tout tomber.

Chapitre XIX

LE CRIMINEL EN LIBERTÉ

J'ALLAI sans tarder voir le père de Gaston. Je lui remis le numéro de téléphone de Me Panneton en lui demandant de l'appeler immédiatement. Toutefois, lors de son procès, Gaston fut reconnu coupable et condamné à quatorze ans de pénitencier additionnels. Pendant qu'il purgeait sa peine, Gaston mit sur papier un projet d'organisme qui viendrait en aide aux détenus. Ce projet s'est concrétisé et porte aujourd'hui le nom de *Les Ateliers Dominique*. C'est un atelier qui permet aux ex-détenus de travailler et facilite leur retour dans la société. De plus, pour satisfaire aux exigences des libérations conditionnelles, Gaston Nicholas créa l'Agence sociale spécialisée de Hull Inc., où on pouvait loger les détenus qui participaient au programme. Roger Larche devint administrateur du projet 2407; c'était son numéro d'immatriculation de détenu. Il s'occupa de faire bénéficier du programme les détenus qui avaient purgé le tiers d'une forte peine.

Souvent, les détenus ont été traumatisés par des représentants du système pénal. Lorsqu'ils sont libérés, le contact avec leur famille est pratiquement nul. Ils n'ont pas de métier, pas d'emploi. Les portes se ferment sur leur passage. Ils n'ont presque pas le choix; ils commettent d'autres crimes pour survivre.

Ils deviennent en quelque sorte les chiens galeux de la société. Lorsque les journaux parlent d'eux, c'est pour raconter leurs histoires sous des titres chocs : comment le monstre commet son crime, comment un chien enragé commet une série de vols à main armée... Mais on n'explique jamais la cause de leurs actes.

De retour à la maison, je retrouvai mon frère et mes sœurs. Le contraste était tellement grand qu'il m'était difficile de faire la transition. Pendant que j'étais emmuré, la terre avait continué à tourner sans moi, Même les plaisanteries et les éclats de rire de mes frères et sœurs ne parvenaient pas à me sortir de moi-même. Je demeurais songeur, ne sachant plus

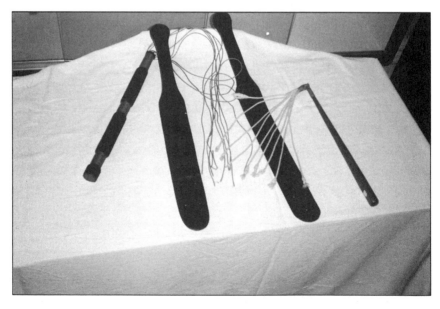

Des souvenirs qui hantent
Fouets et strappes
Photographie : André Kouri

rire. Je ne faisais que penser aux amis que j'avais laissés derrière moi au pénitencier. Je me sentais plus près d'eux que de ma propre famille. C'était avec eux que j'avais partagé mes plus grands moments de désespoir. Je me disais toujours : «À cette heure-ci, ils sont à la shop. Là, ils dînent». C'était comme si, malgré moi, je faisais toujours partie de leur vie. Comme si je les avais abandonnés. Je m'étais bien promis d'essayer de vivre normalement à l'extérieur des murs, dans ce qu'on appelle la société. Mais au pénitencier, on est couché les trois quarts de la journée, tandis qu'à la maison... On aurait dit que je n'arrivais pas à m'ajuster.

Pour la première fois depuis longtemps, seul dans ma petite chambre, je m'agenouillai. Je fis un signe de croix et murmurai : «Jésus, moi pis toi, on ne se connaît pas. On s'est jamais fréquenté; mais j'ai besoin de toi. Aide-moi!». Aucun signe de la part de Jésus... aucun miracle. Je devais désormais continuer seul. Dans le silence, des larmes roulaient sur mes joues.

Quand je regardais les chroniques judiciaires, criminelles, dans le journal, je lisais ce qui était écrit, pour ensuite imaginer ce qui avait vraiment dû se passer... Je ne pouvais accepter les faits tels qu'ils étaient rapportés par les journalistes. Eux, ils écrivaient la version qu'on leur avait donnée... Ayant souvent vécu des situations similaires, je savais bien que la vérité était tout autre.

Par exemple, un jour, un article de journal relatait l'histoire d'un jeune homme, arrêté au volant de l'automobile d'un homme avec lequel il avait été vu à *Blue Bonnet*, piste de courses de chevaux à Montréal. Le propriétaire de l'automobile avait gagné aux courses près de cinq mille dollars. Or, trois jours après, on l'avait retrouvé assassiné. Le jeune qui l'accompagnait fut donc, après son arrestation, amené par les policiers à la Sûreté provinciale de la rue Saint-Gabriel, pour y être inter- rogé comme témoin important. On a par la suite retrouvé le jeune homme, sans vie, devant cette bâtisse. Les journaux ont publié un compte rendu selon lequel le jeune homme, pris de remords, s'était jeté du deuxième pour se suicider. Le détective responsable de l'enquête avait couru s'agenouiller près du cadavre et avait dit :

— Pourquoi as-tu fait ça, mon p'tit Pierre?

Moi, je lisais ça d'un autre oeil en me disant : «L'écœurant!». Pour le grand public, c'était une histoire touchante, cela faisait pitié; pour le journaliste en question, un papier à sensation. Mais pour moi, après les traitements que j'avais subis entre les mains des détectives, je voyais cette histoire d'une toute autre façon et je n'étais pas dupe : ce n'était pas un suicide... D'après moi, les enquêteurs étaient certains que le jeune homme avait assassiné le propriétaire de l'automobile, mais ne pouvaient pas le prouver. Comme dans plusieurs cas, ils ont, encore une fois, eu recours à la violence pour obtenir une confession. Ils l'avaient peut-être même suspendu au-dessus du vide et laissé tomber par inadvertance. Ou alors, le jeune homme, dans le but de se soustraire à leur supplice, s'était jeté par la fenêtre. Était-ce un mauvais départ que de voir les choses sous cet angle? Comme tout bon citoyen, j'étais en droit de me poser des questions. Que ce soit ma façon de voir les choses ou celle des autorités, ce jeune homme était mort et le verdict du coroner : «Mort, suite à un accident; sans aucune responsabi- lité criminelle», révélait celui-ci, comme toujours, des plus com- plaisant envers les policiers.

Une autre fois, une enquête du *Journal de Montréal* citait : «Deux détenus de Saint-Vincent-de-Paul détiennent un gardien en otage». On racontait avec beaucoup de détails une longue histoire. Mais je sus d'un détenu ce qui s'était vraiment passé. Il s'agissait de mon ami le boxeur Marcel M., celui qui m'avait demandé d'aller au journal *Allô Police*, et de son cousin Claude. Ils retenaient un gardien du nom de Raymond Tellier dans une cellule au IV 7, «Cell Block 2». Ils avaient placé un matelas et des couvertures sur les barreaux de la cellule pour que les gardiens ne voient pas ce qui se passe à l'intérieur. Les deux détenus demandaient, en échange de la libération du gardien, leur transfert dans un autre établissement. Car, depuis l'émeute, les conditions de détention étaient impossibles à supporter.

Après les pourparlers avec le directeur du pénitencier, Michel LeCorre, on échangea des insultes, des blasphèmes de part et d'autre, ainsi que des menaces. Monsieur LeCorre maintint sa position et refusa d'accorder le transfert des détenus en se basant sur le fait qu'une acceptation ouvrirait la porte à d'autres cas semblables. Le directeur était très inquiet en voyant le sang couler sous la porte, croyant que les cousins avaient blessé le gardien Tellier. Il donna l'ordre aux gardiens de tirer à travers les couvertures en disant :

— Tire! Tire-moi ça , ces chiens-là!

Et ces derniers, sans hésiter, avaient déchargé leur arme sur les matelas et les couvertures. Après que les gardiens eurent tiré, le directeur demanda :

— Es-tu mort, le chat à Marcoux?

— Va chier, le sale, fut la réponse.

— Tire-moi ça! Tire-moi ça! avait enchaîné le directeur.

Pour sauver la face, il était prêt à faire assassiner trois êtres humains. Ensuite, les gardiens ont emmené les corps de leur confrère Raymond Tellier et du détenu Marcel Marcoux. Lorsque le corps de Claude fut projeté par terre, on entendit un gémissement de douleur. L'aumônier, qui était là, lui administra un coup de pied au visage en disant :

— T'es pas mort, toé!

D'après la première histoire parue dans les journaux, le gardien aurait été tué par les détenus à coups de couteau, ce qui appuyait les dires des représentants officiels du pénitencier. Cependant, douze jours plus tard, le journal *La Presse* publiait les faits réels. Michel LeCorre et les gardiens furent reconnus coupables de responsabilité criminelle. Cependant, aux dernières nouvelles que j'ai eues concernant le directeur, il avait été disculpé des accusations pesant sur lui parce qu'au moment des incidents, il était dans l'exercice de ses fonctions.

Quant à Claude Marcoux, une autre création et victime du système, après sa sortie de Saint-Vincent-de-Paul, il poursuivit une vie de vols à main armée et de meurtres pour être finalement arrêté pour un vol de banque à Vancouver.

Après les déclarations du célèbre délateur Donald L., Marcoux apprit qu'il serait également accusé du meurtre d'un ancien complice du nom de Jean Careau, assassiné le 5 septembre 1978. Il fut condamné à vie pour vol de banque et il lui restait encore une accusation de meurtre en suspens. Il refusa de devenir délateur et préféra sa propre porte de sortie : le suicide. Depuis 1952, le pénitencier Saint-Vincent-de-Paul a été condamné par la Commission royale d'enquête Archambault.

Quant à moi, ma vie continuait. Je demeurais complexé et marqué par les institutions. Je cherchais du travail : tâche très difficile, car je ne possédais aucune expérience et, du fait de mon dossier judiciaire, j'ai essuyé plusieurs refus. C'était comme si je faisais la course avec un gars au dossier vierge sur une distance d'un coin de rue. Le gars, lui, courait sur le trottoir; et moi, je courais un pied sur le trottoir, l'autre sur la chaussée. Je portais toujours la béquille de mon passé.

Un jour, découragé, je décidai d'aller régler mes comptes. Je partis donc pour le Mont Saint-Antoine, un trente-deux spécial à la ceinture. C'était là que tout avait débuté, c'était là que je commencerais ma vengeance. À destination, je laissai le revolver dans l'auto et entrai saluer une vieille «connaissance». Je me rendis à la salle des «Moyens B». Rien ne semblait changé. Je fis quelques pas dans la salle. Malgré moi, je me sentais le cœur rempli d'émotion. Je vis un petit homme en soutane noire s'approcher.

— André Laflamme! me dit-il.

Je le regardai froidement. C'était le frère C., le même qui avait utilisé la violence contre moi, et probablement celui qui avait posé une des premières pierres dans l'édification du criminel que j'étais devenu. Pendant tant d'années, j'avais nourri une vengeance terrible à l'égard de cet homme qui, à mes yeux d'enfant, m'avait toujours paru immense, tel un géant. Et là, je le voyais vieux, tout petit... J'étais désarçonné. Moi aussi j'avais vieilli, mais j'avais surtout grandi. Maintenant qu'il était devant moi, je ne ressentais que de la pitié envers lui. Valait-il même la peine que je le tue? Pourtant, des milliers de jeunes avaient eu leur vie gâchée en ce lieu de misère.

En hésitant, j'acceptais déjà de ne pas assouvir ma vengeance. Devant cet être démuni, tout geste de ma part me paraissait inutile. Je revins chez moi fatigué, abattu, et décidai d'oublier ce règlement de compte.

*

*   *

Claudette et André, le jour de leur mariage

Un jour, je rencontrai celle qui allait devenir ma femme. Elle s'appelait Claudette. Pour moi qui avais été privé d'amour une grande partie de ma vie, ce fut le coup de foudre. Je ne le soupçonnais pas, mais l'avenir allait me dévoiler en Claudette des qualités qui changeraient ma vie. La connaître me rapprocha un peu de mes parents. Mes deux cousins, Yvon et Ronald, me trouvèrent du travail dans le fer, pour un certain Jos Métail. J'épousai Claudette le 15 juin 1963. À ce moment-là, elle travaillait comme réceptionniste au bureau du Premier ministre Pearson, à Ottawa. Et c'est ainsi que commença notre vie à deux.

Le 3 mars 1965, pendant que je travaillais, mon employeur m'informa que j'étais demandé d'urgence au cinquième étage de l'hôpital du Sacré-Cœur de Hull. En arrivant à l'hôpital, j'appris que ma femme venait de subir une césarienne, qu'elle allait bien, et que j'étais papa d'une belle petite fille que nous avons baptisée Roxanne. Ce fut l'un des moments les plus heureux de ma vie.

Pour joindre les deux bouts, j'avais réussi à trouver deux emplois. Je travaillais de sept heures du matin à trois heures et demie de l'après-midi dans la construction, et de quatre heures de l'après-midi à minuit, dans l'entretien ménager pour les frères Bourque. Je cherchais à rattraper le temps perdu. Cela dura à peu près quatre ans. Mais dans la construction et à cause des intempéries, on manque souvent de travail. Je dus chercher autre chose. Je conservai tout de même ma place à l'entretien ménager. Quelque temps plus tard, je trouvai un autre emploi à Vanier.

Un matin, en route pour le travail, je dus accélérer un peu trop et je me fis arrêter par les policiers municipaux d'Aylmer. Ils me dressèrent une contravention pour excès de vitesse. Je terminais mon premier emploi à trois heures et demie pour me rendre à mon second emploi à Hull. Je conduisais encore vite lorsque, tout à coup, j'aperçus mon cousin Yvon qui voulait me dépasser. Je ralentis et sortis mon bras par la fenêtre pour lui faire signe de ralentir car, au loin, j'avais vu une auto-patrouille. En faisant ce geste, l'auto que je conduisais avait subi une légère déviation. Il n'en fallait pas plus. Le policier me fit signe d'arrêter et de suivre sa voiture. Là, un policier de langue anglaise, bâti comme une glacière, vint vers moi en me disant :

— What do you think you're doing?

Je commençai à lui expliquer que je voulais faire signe à mon cousin de ralentir, mais le policier se mit à blasphémer contre moi en me disant :

— You cocksucking Frenchman, you better shut your mouth or we'll bring you to the station, you no good bastard!

Le sang ne fit qu'un tour dans mes veines, mais je ne répondis pas. Alors, le policier se contenta de me donner un avertissement. À l'intérieur de moi, le déclic automatique se fit. Je me disais : «Mon hostie de chien! Mon enfant de chienne! Bientôt, tu vas voir qui je suis et ce que je suis capable de faire. C'est pas parce que tu as un uniforme de chien sur le dos que tu vas m'impressionner».

Le lendemain après-midi, j'étais au quatorzième étage d'un édifice en train de poser du fer. Pendant ma pause café, je m'appuyai sur un brancard en réfléchissant. Je pensais que bientôt, je n'aurais plus d'emploi parce que la compagnie pour laquelle je travaillais devait faire des mises à pied. Je serais un des premiers à être renvoyé. Alors, il était temps de me servir des moyens que j'avais appris dans le passé. Le même soir, mon ami Pierre me fit savoir :

— Je connais une belle petite place à faire. Celui qui donne l'information sur le coup à réaliser aura dix pour cent de tout le montant, celui qui conduira la voiture, quinze pour cent. Ceux qui entreront dans la place avec moi se partageront la balance à part égale.

— O.K., lui répondis-je. Mais à une condition. C'est moi qui donne les ordres et vous autres, vous écoutez à la lettre, sans hésitation. Je veux que nous agissions comme des commandos. Quand je dirai 'Go', vous foncerez.

Ce fut un départ. Comme ce coup fut réussi, ma vie de criminel recommençait. Une fois, j'accomplis un coup du côté ontarien tout en pensant aux policiers qui m'en avaient fait voir de toutes les couleurs. À l'occasion, je me rendais aux États-Unis. Pour moi, c'était un métier; métier que j'avais appris dans les institutions et que j'avais baptisé la «Con Game». Je travaillais avec une précision inégalée, car ma vie en dépendait. Mais comme la vie nous rejoint toujours à un certain tournant, elle devait me jouer un sale tour. Mon père mourut. Cette «pièce d'homme» venait de nous quitter, sans avertissement. Cet homme que j'avais tant aimé sans vraiment le connaître venait de partir pour son dernier voyage. Mon beau-frère, Robert O'Dwyer, eut la tâche de nous apprendre la triste nouvelle, à ma femme et à moi. J'ai eu beaucoup de peine.

Une journée, en lisant le *Journal de Montréal*, je vis qu'un détenu que j'avais connu au moment de l'émeute avait été tué par Ti-Cul Roy. Quant à ce dernier, à son tour, il fut assassiné par un autre détenu; sans doute un règlement de compte. À Hull, la gang d'«Albert the Fabulous Fäb» se fit coincer à la Banque canadienne nationale. Ils étaient trois individus et reçurent tous une condamnation à treize ans de pénitencier. Mon ami Pierre me redemanda de participer à un vol et je refusai. Il me répondit :

— C'est vrai que tu es plein, toi.

Puis il me demanda si j'avais objection à ce que son groupe aille de l'avant.

— Je ne crois pas que ce soit le moment, mais fais ce que tu veux, lui répondis-je.

Quelques heures plus tard, ils se rendaient à la Caisse populaire de Saint-Jean-Bosco, de Hull. Ils s'étaient servis de la Mercury convertible rouge de Pierre. C'était la seule de ce genre à Hull. Des complications survinrent, et ils durent se servir de leurs armes. Ils tirèrent en direction du policier Georges Ménard. Une balle ricocha et atteignit le policier au genou. Pour Pierre, il en résulta une accusation de tentative de meurtre. Il écopa de sept ans de pénitencier. Après l'attentat contre le policier Ménard, les mesures de sécurité pour les policiers furent améliorées; maintenant, les policiers de Hull ont des vestes anti-balles et, dans leur automobile, ils cachent un «12» en permanence.

Dans mes moments de loisir, je conduisais des chevaux de course, et je m'en occupais. Un jour, je donnais un coup de main à mon ami Larry. Je qualifiais pour lui un cheval du nom de High Heaven. Dans cette course, participait également un cheval qui avait été payé trente mille dollars. Bien sûr que ce dernier gagna. Mais je réussis tout de même à terminer troisième avec le cheval de Larry; donc, à le qualifier. Vers 16 heures 30, Larry arriva et me dit :

— Viens André. Je paie le souper.

Après, nous sommes montés à la grande estrade, car deux des chevaux de Larry couraient ce soir-là. Les chevaux étaient conduits par mon beau-frère Robert. Après la septième course, Larry me dit :

— Viens, on va aller donner un coup de main à mon homme qui soigne les chevaux.

Comme nous arrivions en camion, nous fûmes encerclés par une multitude de policiers, mitraillette au poing, et revolvers sortis. Larry se sentit touché à l'épaule. Il fit un geste pour se défendre, mais le policier Cowey lui dit :

— Larry, ne fais pas ça. Ils sont tous armés.

Après notre arrestation, ils nous amenèrent au poste de police de Nepean, municipalité située près d'Ottawa, pour ensuite nous transférer au poste de police de Hull. En arrivant, Larry demanda :

— Pourquoi m'arrêtez-vous? Je suis un honnête homme. Je n'ai rien fait.

Les policiers nous enfermèrent dans une cellule. Il y avait également l'homme de Larry. Ce dernier pouvait donc me servir d'alibi et confirmer aux policiers que j'avais bel et bien passé la journée à la piste de course. Enfin, on daigna nous informer qu'il y avait eu un important vol à main armée à Hull et quelqu'un aurait supposément reconnu Larry d'après un portrait robot. Ce dernier demanda donc à l'enquêteur à quelle heure avait eu lieu le vol. Comme cela ne concordait pas avec son emploi du temps, Larry leur dit :

— Pourquoi ne pas l'avoir dit plus tôt! À cette heure là, je faisais un contrat d'électricité chez le Juge Clare S.

Après un appel téléphonique de Larry, le Juge se rendit au poste de police et, à deux heures du matin, Larry et son homme furent libérés. Dans le passage, j'entendis un détective dire :

— Nous allons le libérer. Nous n'avons plus de preuve contre lui. Mais nous devons informer la Sûreté provinciale parce qu'eux aussi, ils aimeraient lui poser des questions sur le meurtre de William Fidgerald Fitpatrick.

On relâcha Larry; mais moi, on ne me rendit pas ma liberté. Je devais être conduit à la Sûreté provinciale pour y être interrogé au sujet de deux meurtres commis à Montréal...

De retour à ma cellule, je me mis à penser à ma femme Claudette et à ma petite fille. Alors, tous les sentiments de frustration qui m'habitaient ont tout à coup refait surface et, dans un moment de désespoir, j'enlevai mon pantalon puis tirai vers moi une de mes bottines avec laquelle je brisai le lavabo. J'en pris un gros morceau et je me tranchai le poignet. Aussitôt, le sang se mit à gicler; la blessure était plus grave que je le pensais. Mais il faut croire encore une fois que mon tour n'était pas venu et, ironie du sort, le policier qui m'administra les premiers soins fut celui sur qui un des membres de la gang de Pierre avait tiré...

Le policier Georges Ménard s'occupa de mon transfert à l'hôpital; il semblait réellement inquiet à mon sujet. Cela m'embrouillait encore plus, car ce n'était pas l'idée que je me faisais d'un policier. Il me demandait pourquoi j'avais fait cela; il ne me parlait pas du ton autoritaire auquel j'étais habitué. Je commençais à penser qu'il y avait peut-être un changement psychologique qui se faisait chez certains policiers. Arrivé à l'hôpital, je demandai au policier P. si je pouvais téléphoner à mon épouse. Mais ce dernier me traita d'hostie de chien, d'écœurant. Il ajouta que j'avais été chanceux que ce ne soit pas lui qui était de garde au moment de l'accident, car il m'aurait laissé perdre mon sang jusqu'à la mort. Je lui répondis avec un petit sourire :

— Mon sale, mon hostie de chien. Si l'occasion se présente, peut-être qu'un jour, je t'emmènerai faire une petite balade.

Je vis son visage changer.

Durant la nuit, je me mis à penser au policier Ménard et à la façon dont il s'était comporté avec moi. Ensuite, la vision du policier P. m'envahit. Je constatai que, même s'il y avait beaucoup de policiers comme monsieur Ménard, il en suffisait d'un de la trempe de P. pour tout détruire. Trois jours plus tard, je passai à la Cour pour tentative de suicide et je fus condamné au temps fait en prison. Peu de temps après, les policiers me firent perdre ma licence de conducteur de chevaux de course car, en remplissant ma demande, j'avais omis d'écrire que j'avais un dossier criminel, ce qui allait à l'encontre de la «Canadian Trotting Association». Pure vengeance de la part de l'autorité et manque total de jugement; pour une fois que je m'occupais ailleurs que dans le crime...

Le 7 novembre 1979, je lisais dans le journal que Charles Simard était accusé au pénitencier Saint-Vincent-de-Paul du meurtre d'un co-détenu de quarante-trois ans, Robert «Didine» Dagenais. Dix-sept ans s'étaient écoulés et Robert Dagenais venait d'être assassiné à coups de barre de fer. Toutes ces belles années perdues à combattre le système... En septembre 1980, Charles Simard fut acquitté pour légitime défense.

Chapitre XX

À SON APOGÉE, LA BALANCE OSCILLE

L E travail dans la construction ayant ralenti, je perdis mon emploi. J'avais essayé de me suicider dans un moment de désespoir et je n'avais pas réussi. Plus je réfléchissais, plus je comprenais que les piastres et la simple vengeance ne suffisaient plus. J'avais maintenant besoin de pouvoir et de puissance. Je devais alors entreprendre des coups qui rapportent gros. Il fallait que je me prouve que j'étais quelqu'un et que je leur prouve, à ces maudits représentants de la loi, que je pouvais battre leur système. C'était devenu une obsession. Pendant plusieurs semaines, j'ai travaillé à bâtir les plans de base d'une organisation semblable à la mafia. Tout était pensé et prêt à être mis à exécution. J'avais choisi un chef et un comptable. J'avais également établi un procédé pour en devenir membre, avec droits et privilèges. J'avais fixé une cotisation, établi un pourcentage à verser à l'organisation, enfin, tout un système antijudiciaire. J'étais devenu un «smooth operator», mais il ne fallait pas s'y laisser prendre; j'étais aussi venimeux que cent serpents à sonnettes. Pendant que je planifiais cela, mon ami Denis me demanda de rencontrer un comptable qui travaillait pour une grosse compagnie qui transportait de l'argent. Ce comptable m'apprit que, dans quatre mois, soit la semaine qui suivrait le jour de l'an, il y aurait près de trois millions et demi dans les coffres-forts de la compagnie en question. Ce serait de l'argent recueilli dans tous les grands magasins de la région d'Ottawa-Hull. Comme j'avais absolument besoin d'argent pour mettre sur pied mon organisation, je commençai à étudier ce coup.

À l'aide d'un radio-émetteur, j'écoutais tout ce qui se passait. Au bout de quelque temps, j'en savais assez pour élaborer mon plan. Je me procurai trois habits de garde, retins la location d'une maison, etc. Rien n'était laissé au hasard et le tout devait se terminer par le meurtre de mon informateur, le comptable. Je ne pouvais pas risquer de le laisser vivre; l'enjeu était trop grand. Il prenait un verre et, sous l'effet de la boisson, il parlerait sûrement. Comme associé, je pouvais compter sur Lionel. Mais j'avais besoin d'un autre homme. Après y avoir bien réfléchi, mon choix se porta sur Roger L. Je pris donc rendez-vous avec lui dans un restaurant pour voir s'il était intéressé. Il me dit :

— Moi, je ne travaille plus dans cette ligne-là.

Il m'expliqua que, maintenant, il travaillait en réhabilitation sociale avec Gaston Nicholas. Il m'invita chez lui pour poursuivre la conversation. Je me retrouvai donc devant un bon café et un morceau de tarte préparée par sa charmante épouse, Joyce. Nous avons discuté longuement; mais Roger demeurait très ferme dans sa décision de ne pas participer. Il me dit n'avoir aucun doute quant à ma réussite, mais qu'il croyait que je devais me caser pendant qu'il en était encore temps. Il m'invita à aller visiter son lieu de travail : *Les Ateliers Dominique*. Nous partîmes ensemble. À cet endroit, je fis la connaissance de Rock, le directeur des Ateliers. Je rencontrai également Rémi, criminologue. C'était un gars simple et bien sympathique. Cette première visite m'avait fortement impressionné. Je quittai Roger, déçu qu'il ne veuille pas se joindre à moi. Pour la première fois, j'avais l'impression d'avoir rencontré un ami, et un vrai.

Je laissai passer quelques jours; je réfléchissais. Je ne pouvais pas faire confiance à n'importe qui pour un si gros vol à main armée. Je devrais donc attendre le moment propice. Puis mon épouse arriva un jour avec une invitation à la main. C'était pour assister au Bal des petits souliers et elle était signée Pierre Elliot Trudeau. Nous étions très fiers. Pierre avait le don de se faire aimer. Il apportait des fleurs et du chocolat au bureau.

J'eus ensuite l'idée de retourner visiter les Ateliers. Rémi m'invita à prendre le café dans son bureau et il en profita pour essayer de me faire comprendre son message :

— Tu sais, André, si tu es ici aujourd'hui avec moi, c'est parce que tu le veux bien. Tu pourrais être ailleurs. Vois-tu, dans la vie, il y a une bonne chance qui si tu donnes un coup de poing à quelqu'un, tu en reçoives un en retour. Mais as-tu essayé un sourire? Essaie, et tu verras.

Sur ces mots, Roger entra. Il m'invita à une partie de pêche au lac Sainte-Marie, à plus de cinquante milles de Hull. Il me dit :

— On amènera le gros Bob avec nous autres.

Ça semblait agréable et j'acceptai. Roger nous avertit tous les deux, le gros Bob et moi, de ne rien voler au magasin général, car il connaissait le propriétaire. Tout ayant été dit, nous sommes partis de bonne heure pour le lac. On s'arrêta au magasin général, car Roger avait besoin de différentes choses. À la sortie du magasin, il nous demanda :

— Avez-vous pris quelque chose?

— Moi, je suis plein, répondit Bob.

— Toi, André?

— Tu as dit que c'était tes amis; j'ai quand même des principes. Je ne vole jamais les amis.

Je crois que Roger a apprécié ce geste.

La semaine suivante, je le rencontrai à nouveau et lui dis que j'avais besoin d'aide. Je lui déclarai que j'aimerais bien travailler aux Ateliers Dominique avec lui. Il me répondit :

— Pour ça, il faudra que tu ne voles plus.

Je le lui promis, sans trop savoir si j'étais capable de tenir ma promesse. Mais une chose que je savais, c'était que ma parole donnée à un ex-détenu était sacrée. On m'accepta comme stagiaire. J'étais un bon candidat. D'ailleurs, mon expérience dans la construction m'avait appris à travailler fort et vite. Tellement, que je devins presque le «leader» du groupe. Mon enthousiasme était contagieux. Un jour, voyant que je paraissais avoir acquis une certaine stabilité et que, sans m'en rendre compte, je me sortais tout doucement de mon rôle de criminel, Roger me dit :

— Pourquoi ne refais-tu pas une demande de permis de conducteur de chevaux de course?

J'avais perdu le privilège de conduire le 9 juin 1969. Je redemandai mon permis; ce ne fut pas facile, mais j'eus l'aide de plusieurs personnes, dont le directeur du Service de la police de Hull qui me donna une lettre de recommandation, le directeur de la piste de course Connaught, un journaliste du quotidien d'Ottawa *The Citizen*, et l'appui de mon ami Roger qui accepta de comparaître devant la «Ontario Racing Commission», à Toronto. Le 29 août 1972, j'avais à nouveau le droit de conduire des chevaux . Ce fut un grand jour. Je revins chez moi très heureux; je pouvais à nouveau pratiquer mon sport favori.

Dans mon nouveau milieu, mes antécédents étaient presque un avantage au lieu d'être un handicap. On me donnait souvent de l'importance vis-à-vis des autres. On utilisait mon passé de façon positive et, surtout, on me redonnait confiance en moi en ne me jugeant pas. J'avais l'impression d'être enfin bon à quelque chose. Ce fut un grand malheur lorsque mon ami Roger, originaire de Saint-Pierre de Wakefield, mourut par arrêt cardiaque, le 7 janvier 1986, à l'âge de quarante-sept ans.

Un jour, un prêtre oblat est venu me chercher à l'atelier pour aller rencontrer des jeunes dans une salle de billard. Et c'est ainsi que, sans m'en rendre compte, je commençai à donner de petites causeries pour sensibiliser les jeunes au problème de la criminalité. J'étais dans la bonne voie de la réhabilitation. Un frère des Écoles chrétiennes vint à son tour me chercher. Il me dit :

— André, viens-t'en. Nous sommes invités à dîner chez les p'tites soeurs de Val-Tétreault, en banlieue de Hull.

À cet endroit, il y avait un orphelinat administré par des soeurs. Juste avant le dîner, on s'est tous levés et l'une des soeurs a dit :

— Rendons grâces au Seigneur.

Puis, elles ont toutes fait le signe de la croix. Je regardai furtivement autour de moi pour voir si quelqu'un m'observait, et je commençai à faire mon signe de croix. Ce faisant, mes yeux croisèrent ceux de Soeur Marcelle, qui me fit un petit sourire plein d'approbation au moment où je m'exécutais. Un peu plus tard, le frère Yvon me réinvita pour aller à Ottawa, chez les Soeurs du Précieux Sang. C'était un monastère de cloîtrées. Je ne sais pas trop comment le frère Yvon s'y est pris, mais il avait réussi à nous faire inviter dans ce lieu de recueillement où aucun homme n'avait pénétré depuis plus de trente ans. Pour moi, c'était tout un honneur. Les petites soeurs me demandèrent de leur parler de mon passé, de ma vie de criminel. La rencontre fut des plus agréable, même si je dois avouer que je n'étais pas très à l'aise. Parler dans des salles de billard, passe encore; mais dans un cloître, c'est tout autre chose. Je dus toutefois réussir à démontrer le bien que l'Agence spécialisée de Hull pouvait accomplir en tendant la main à des personnes telles que moi parce que, à la suite de cette rencontre, la Communauté fit un don à l'Agence qui était en difficultés financières.

Par la suite, je parlai dans différentes universités et collèges. J'aimais cela, car je pouvais sensibiliser les élèves en criminologie et en droit au problème de la criminalité.

Comme pour mes anciens confrères, ma réhabilitation dans la société n'avait pas été facile car, pendant plusieurs années, lorsque j'allais dans les magasins, je volais quelque chose. C'était encore une de mes façons de me venger pour ce qui m'avait été fait lorsque j'étais jeune. C'est ce que le criminologue m'avait expliqué : il me fallait une excuse pour justifier ce que je faisais. Pour me guérir, j'ai dû prendre en main mon problème une journée à la fois. En me levant le matin, je me disais : «Aujourd'hui, je ne vole pas». Parfois, les tentations ont été fortes; à l'occasion, j'ai même succombé et volé de nouveau. Mais les soirs où je n'avais pas volé, je dormais plus à l'aise. Au bout de six mois, je fus guéri.

Avec deux frères, j'ai eu la chance de travailler à la première maison fonctionnelle de *L'Agence spécialisée de Hull Inc.* Le rêve de Gaston et de Roger devenait réalité. Je recevais un salaire et je sentais que les détenus avaient besoin de moi. J'étais occupé et je pouvais subvenir aux besoins de ma famille. Afin de pouvoir me garder à cet emploi, on me fit terminer mes études secondaires et des études de base en psychologie et en criminologie.

En 1989, je décidai d'aller revoir mon ancien pénitencier. Après cent quinze ans d'existence, cet ancien couvent de sœurs qui avait été converti en pénitencier fermait ses portes.

Cent quinze ans d'infamies, de meurtres, de suicides, de suicides fabriqués, de viols, de règlements de comptes, dormaient
derrière ces portes...

On le convertit aussitôt en musée. À ce moment, je res-
sentis le besoin de retourner voir les lieux où j'avais vécu les
heures les plus noires de mon existence. J'y allai donc en compagnie de mon épouse et de quelques amis. En entrant, je
serrai le bras de ma femme et je jetai un regard sur l'ensemble
du bâtiment. Mon cœur battait à se rompre; tout bourdonnait
dans ma tête, me revenait en mémoire. Je revivais ma première journée au pénitencier, j'entendais les gars crier de la
fenêtre de l'atelier de peinture :

— Hé André, c'est Pépé... André, c'est Coco. Je vais te
voir à la marche tout à l'heure.

Soudain, j'entendis crier :

— Attention! Attention!

Un gardien et deux détenus passaient avec un brancard
sur lequel était couché un détenu, la tête toute ensanglantée.
C'était celui qui avait essayé de s'évader de la carrière. Il avait
reçu un coup de crosse de carabine par le garde à cheval...
Des larmes roulaient sur mes joues : toutes ces belles années
perdues...

Je fis quelques pas de côté pour que mon épouse et mes
amis ne me voient pas pleurer; mais ceux-ci, par instinct et par
délicatesse, se tenaient éloignés. J'essuyai mes larmes et je
me mis à raconter les faits tels que je les avais vécus.

Une jeune préposée aux visites s'avança vers moi et me dit :

— Monsieur, monsieur, vous n'avez pas le droit de dire ce
que vous dites. Même nous, on n'en a pas le droit...

— Toi, ma petite fille, tu travailles ici. Moi, j'y ai vécu...

La jeune fille parlait dans son walkie-talkie en se sauvant.
Je fus bientôt rejoint par un ancien gardien, un colosse d'environ

six pieds deux pouces, deux cent quarante livres, les épaules courbées par le temps. Il me demanda s'il pouvait me parler et me fit signe d'aller de côté auprès de lui. Il me demanda d'où je venais. Lorsque je lui dis que j'étais d'Ottawa, je le vis froncer les sourcils.

— C'est vrai, je me rappelle. Les ordres venaient d'Ottawa, lui dis-je.

— Oui, c'est vrai. Mais ça ne vous donne pas le droit de venir perturber nos jeunes préposées aux visites.

— Très bien, monsieur. Très bien.

La vision de ce garde me rappelait la «Goone Squade» et me fit froid dans le dos. Je revins vers le groupe d'une trentaine de personnes et leur dis :

— Veuillez m'excuser, mais on m'a demandé de me taire.

Les personnes les plus âgées me remercièrent de mon bref exposé en me disant qu'ils avaient préféré mes commentaires aux paroles creuses et aux commentaires professionnels d'une jeune préposée aux visites qui répétait comme un perroquet ce qu'on lui avait dit de dire. Puis un petit garçon s'avança près de moi en me disant :

— Merci beaucoup, monsieur. C'était très beau, ce que vous venez de dire. Bonne chance avec votre livre.

Je posai ma main sur sa tête, un peu comme l'avait fait mon père lorsque j'avais douze ans :

— Mon enfant, j'espère que le Bon Dieu sera bon pour toi dans la vie.

Je sortis ensuite du pénitencier en levant les yeux vers le ciel. Je compris alors pourquoi la prière des détenus n'était jamais entendue ou exaucée. C'est qu'au-dessus du pénitencier, le ciel était tout usé, et Dieu ne se promenait pas sur le boulevard des cachots...

...Et j'ai changé de route aujourd'hui. Depuis 1972, je suis un animateur très apprécié au sein de l'Agence sociale spécialisée. J'ai représenté le groupe culturel français. J'ai organisé des spectacles de variété à la Joyceville Institution, à Kingston, en Ontario. J'ai amené des étudiants en technique policière et en droit au pénitencier de Collins Bay, ainsi qu'à Kingston. Au pénitencier de Mill Haven, je demandai à un gardien si je pouvais rencontrer certains détenus pour discuter de réinsertion sociale avec eux.

— Ici, il n'y a pas de réinsertion sociale possible avec eux. Ici, c'est le fond de l'enfer, me répondit-il.

J'ai aussi escorté des gars qui revenaient de «passe» pour le retour au pénitencier de Cowansville, près de Granby.

En 1982, Claudette et moi avons adopté Pascal. Ce jour-là, nous recevions un appel nous demandant si nous pouvions aller rendre visite à Roger au pénitencier Laval. Celui-ci purgeait une sentence de deux cent dix-huit ans . Cette peine, imposée de façon concurrente, lui donnait dix-huit ans à faire. Pendant que nous attendions, une dame âgée d'environ soixante-dix ans s'asseyait près de nous. Elle portait un curieux petit chapeau placé sur ses cheveux coiffés en hauteur. Tout en parlant, elle nous apprit qu'elle était craintive; c'était la première fois qu'elle venait voir son fils. D'habitude, c'était son mari qui y allait. Mais aujourd'hui, celui-ci lui avait demandé de venir à sa place, car il relevait d'un infarctus. Malgré sa crainte évidente, elle se montrait fière.

Un gardien demanda à mon épouse de suivre une matrone; puis, ce fut mon tour. Dans un bureau, un sergent me demanda d'enlever tous mes vêtements. Il enfila ensuite un gant en caoutchouc et me demanda de mettre le pied sur le dessus d'un pupitre, de me pencher en avant et d'ouvrir les fesses. Il enfonça ensuite son doigt dans mon rectum et me dit de me rhabiller. Tout se faisait de façon automatique, comme lorsque j'étais détenu. Je revins à la salle quelques instants plus tard; ma chère Claudette fit de même. Elle avait été décoiffée. D'une main tremblante, elle me prit le bras et me dit :

— André, ce sont des écœurants.

Ils avaient aussi fouillé Claudette, l'innocence même. Puis je vis la bonne vieille qui revenait aussi les cheveux défaits, le chapeau de travers sur la tête. Elle attachait sa blouse. Des larmes lui coulaient doucement sur les joues; mais elle savait qu'elle verrait son fils. Un ordre nous fut donné; nous suivions un corridor, passions quelques portes, puis on se retrouvait dans la cour du Centre de formation Laval. Les personnes auxquelles nous venions de rendre visite tendaient une rose aux femmes. Roger donna une belle rose à Claudette. Je sentis alors les traits de mon visage se durcir et je fus envahi de cette haine archaïque que je croyais balayée de mon être profond. Je saisis la rose de la main de Claudette, la froissai dans ma main, puis la jetai par terre. De mon pied, je l'écrasai. Vingt ans que j'étais en liberté... et rien n'avait changé dans ces maudits pénitenciers.

Mon besoin d'écrire ce livre m'amena au Bureau du Solliciteur général du Canada. J'y fus chaleureusement accueilli. Au lieu de me cacher certains documents et photos, on me facilitait la tâche. Cela montre, qu'au fil du temps, notre système avait évolué. Je me permets de reproduire ici des extraits de la revue *Crimes et châtiments,* du Service correctionnel du Canada :

«Presque tous les crimes étaient punis de mort

Autrefois, la vie n'avait guère de valeur. Le plus ancien code pénal qui subsiste, le code de Hammourabi de Baylone (1700 avant Jésus-Christ), prescrit la peine de mort pour presque toutes les infractions. Les Hébreux étaient plus modérés : la loi mosaïque n'impose la peine capitale que pour 15 infractions, entre autres, le meurtre, l'adultère, la bestialité, le blasphème, le fait de maudire ses parents et la pratique de la sorcellerie.

La loi romaine, elle, punissait par la mort la trahison, l'adultère, la sodomie, le meurtre, les faux fabriqués par des esclaves, la corruption, certains rapts, la séduction et le viol. L'expression «peine capitale» vient du mot latin «caput», qui signifie tête; la décapitation était alors le mode d'exécution le plus courant.

En Angleterre, au 13ᵉ siècle, la peine de mort était imposée pour tous les crimes, sauf la mutilation du corps humain et les petits vols. Bien des crimes étaient de nature

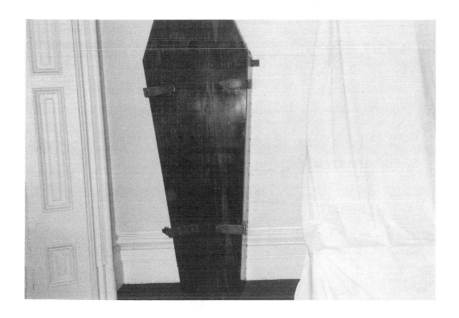

La boîte de transpiration
Photographie : André Kouri

religieuse. (La peine de mort pour hérésie n'a été sup-
primée qu'en 1677.)

Seuls les instruments dont on dispose et l'imagination
morbide des magistrats limitent alors les modes d'exécution. Dans l'Europe médiévale, les condamnés sont écor-
chés, empalés, exposés aux insectes ou aux animaux,
noyés, lapidés, crucifiés, brûlés, traînés et écartelés,
décapités, étranglés, enterrés vivants, écrasés à mort,
bouillis, brisés sur la roue, fusillés, ou encore, on les laisse
mourir de faim ou on en fait des projectiles de canon.*»

Après cette brève rétrospective, revenons au Canada
des années 1830 et 1840; il s'agit du nouveau pénitencier
de Kingston :

---

*   *Crimes et châtiments,* Service correctionnel Canada, Vol. 10, n° 7,
15 avril 1985. *Histoire illustrée : premier cahier d'une série de six* , « La
sanction : la mort», page 1.

Le carcan
Photographie : André Kouri

La punition de l'eau fut utilisée de 1855 à 1860.
En 1860, un détenu y fut noyé au pénitencier de Drumheller, en Alberta.
Le détenu avait les pieds et les mains pris dans un carcan, et la tête
emprisonnée dans un petit baril dans lequel le gros baril se vidait de son eau.
Photographie : Andró Kouri

«Pas de clins d'œil

Pendant ces longues journées de travail, la tâche la plus difficile des gardiens est de faire respecter la règle du silence. Il est en effet interdit aux détenus non seulement de parler, mais aussi «d'échanger des regards, de faire des clins d'œil, de rire, de se faire des signes de tête ou des gestes.

Lorsque la cloche sonne pour les repas, les détenus doivent sortir de leurs cellules en file régulière et marcher en gardant le visage incliné dans la même direction. On fait respecter la discipline en menaçant sans cesse les détenus de châtiments corporels [...]

Pendant les sept premières années de l'administration d'Henry Smith (de 1835 à 1842), la seule punition pour toutes les infractions est le fouet. Après 1842, il y en aura d'autres, telles que les fers, l'isolement, la cellule noire, les bains d'eau froide, la boîte de transpiration (genre de cercueil sans fenêtre placé en position verticale), le joug de 35 livres, et le régime à l'eau et au pain. On rase les cheveux de certaines détenues rebelles.

Le fouet reste cependant la méthode de choix et, année après année, le nombre des châtiments monte en flèche. En 1843, il est de 720 et, deux ans plus tard, il triple et s'élève à 2102. Il triple de nouveau au cours des deux années suivantes et, en 1847, il est de 6063. Il y a alors au pénitencier environ 500 détenus.

Les châtiments corporels sont si fréquents qu'il n'est pas rare de refouetter un prisonnier dont le dos n'a pas eu le temps de cicatriser depuis la dernière punition. Les détenus sont fouettés pour les infractions les plus légères et l'on ne tient guère compte de l'âge ou du sexe.

«On fouette aussi les enfants

Antoine Beauche, incarcéré à l'âge de 8 ans, est fouetté au cours de la semaine de son arrivée et fait l'objet, en neuf mois, de 47 punitions corporelles. Peter Charbonneau, 10 ans, est fouetté à 57 reprises, également au cours d'une période de neuf mois, pour des infractions telles que des regards, des clins d'oeil et des rires. En 1844, la veille de Noël, Alec Lafleur, 11 ans, reçoit 12 coups de fouet pour avoir parlé français. Le directeur dit que cet enfant est sauvage.

Les petites filles ne sont pas épargnées, comme en témoigne le triste cas d'Élizabeth Breen, 12 ans, qui est fouettée à six reprises en trois mois.

Les malades mentaux sont également traités avec une cruauté particulière. Ainsi, un prisonnier fou, James Brown, est fouetté à 720 reprises. Le docteur Sampson témoigne que plusieurs détenus sont devenus fous à la suite de flagellations répétées.

Les commissaires concluent que le système appliqué en est un de terrible oppression. Dans ces circonstances, il n'est guère surprenant que les détenus ne s'amendent pas.

En 1850, il y a nomination d'un nouveau directeur, Donald Aeneas McDonell, et de nouveaux inspecteurs et, l'année suivante, le nombre de punitions diminue presque de moitié.*»

---

*   *Crimes et châtiments,* Service correctionnel Canada, Vol. 10, n° 8, 15 mai 1985. *Une histoire illustrée : deuxième cahier d'une série de six,* «'Une terrible oppression'. Les premières années du pénitencier de Kingston», page 9.

**Ce livre est en fait une cachette pour certains objets
qu'un détenu voulait soustraire au regard d'un gardien**

Photographie : André Kouri

Chapitre XXI

Ô JUSTICE

Ô Justice
Comme vous me faites pitié.
Votre belle robe blanche
Toute de noir et de rouge tachée...
                    André Laflamme

MON Dieu, que la haine était ancrée en moi... Chaque fois que je lisais dans les journaux qu'un policier était acquitté dans une cause qui impliquait la mort d'un citoyen, un cri d'injustice résonnait en moi. Je voyais deux poids, deux mesures. Ma haine atteignit son paroxysme le matin où je lus dans un grand journal de Montréal que l'acquittement d'un policier directement relié à la mort de l'Indien David Cross était une honte pour la province de Québec.

Alors moi aussi, j'eus honte, et je réfléchis. Tous les policiers qui avaient été acquittés en Cour par la justice avaient été publiquement identifiés... Avec leurs familles, ils étaient marqués pour la vie par l'accusation. Ils n'avaient plus de passé sans tache, et ça serait aussi difficile pour la mère ou le père du policier de vivre les jours à venir parce que, dans leurs cas, si la Cour semblait leur pardonner facilement, la société, elle, n'oubliait pas.

En 1990, un chef de police et son sergent firent la une de tous les journaux et de la télévision. Ils avaient eu une idée géniale pour enrayer la criminalité dans les villes : ils afficheraient la photo des récidivistes dans les dépanneurs... Deux mois après avoir distribué et affiché la photo de Patrick R., vingt-deux ans, ils décidèrent de faire connaître leurs idées en formant un comité de promotion. Parmi les membres, ils choisirent un gérant de dépanneur qui racontait devant les caméras de télévision qu'il avait déjà été volé neuf fois et que, bien qu'il ne gardait auparavant qu'un bâton de baseball pour se défendre, il avait maintenant un revolver. Je m'adressai au gérant du dépanneur.

— Monsieur, vous êtes un ignorant, lui dis-je.

— Aimeriez-vous mieux me voir distribuer des dépliants avec la photo d'un ex-détenu, ou le voir arriver chez moi avec un revolver? me répondit-il.

Avec le passé que j'avais derrière moi, je n'étais pas du tout impressionné. Parce qu'il se sentait appuyé par la police, ce citoyen se croyait tout permis, était même prêt à tuer. Face à cette ignorance, je sentis encore cette vieille haine que je croyais avoir étouffée gronder en moi. S'ils affichaient la photo d'un récidiviste, tous les membres de sa famille, aussi honnêtes fussent-ils, seraient aussi affectés. Ils deviendraient alors la mère du voleur, la sœur du voleur, le frère du voleur... J'écrivis et distribuai près de huit mille dépliants pour sensibiliser la population car, selon moi, la criminalité n'est pas seulement l'affaire de la police, mais celle de tous les membres d'une famille. Au départ, ce sont l'amour et la patience d'une famille qui peuvent aider à éliminer une bonne partie de la criminalité. Les criminels sont souvent de grands mal aimés, et des incompris. Il y a toujours une raison qui les pousse à agir comme ils le font.

Quant à moi, je continue à travailler à la prévention du crime en donnant des conférences dans les écoles. Je cherche à faire voir à l'élève les différents facteurs qui mènent à la criminalité et les traumatismes subis par les victimes. Très souvent, avant de terminer, je demande aux élèves s'ils aimeraient savoir ce que moi, en tant qu'ex-détenu et citoyen, je pense des policiers.

— Oui! Oui! me répond jeune un élève en me regardant de ses grands yeux.

Alors je prends une grande respiration, je regarde l'institutrice et le directeur.

— Ici, au Canada, nous avons un très bon système de justice. Lorsque je rencontre un bon policier, je porte la main à mon front et du bout des doigts, avec beaucoup de respect dans la voix, je dis «Bonjour, monsieur!» parce que le policier est le protecteur de notre société. On doit toujours le respecter.

Je regarde alors l'enseignante sourire. Le directeur se penche aussi vers moi et, avec un grand sourire, me tend la main, disant :

— Merci, monsieur. Vous avez su capter l'attention de nos élèves.

Je sors ensuite de l'école et j'inspire profondément. Je sais que j'ai fait quelque chose de bien.

Ami lecteur, c'est ensemble et seulement tous ensemble que nous pouvons faire une société plus juste, une société plus humaine.

Aujourd'hui, je crois en Dieu... Et c'est en pleurant sur mon passé que je termine mon livre, *La création d'un criminel*.

Épilogue

LE RÊVE

SOUDAIN, je perçois un bruit dans la nuit. Ai-je bien entendu? A-t-on débarré les portes des cellules? Viens-t-on me chercher pour me donner la strappe? Est-ce Michel qui pleure dans la cellule d'à côté?

Pourtant, je suis assis dans mon lit, dans le moelleux de mes draps. Mais je suis aux aguets; j'épie le moindre mouvement. Une sueur froide me coule dans le dos, et j'ai très peur... Puis la voix de mon épouse me demande :

— Tu ne dors pas?

— Si. Ce n'était qu'un mauvais rêve.

Des larmes coulent sur mes joues. Près de trente ans se sont écoulés depuis ma libération du vieux pénitencier Saint-Vincent-de-Paul, et le cauchemar me poursuit encore.

Table des illustrations

Boulet et chaîne   12
Une paire de menottes   32
La prison de Bordeaux   51
Pendant quelques mois, je menai la belle vie   53
Llette, sœur d'André, André, Monique, une amie   54
Potence de Bordeaux   64
La gamelle   66
Cellule à Saint-Vincent-de-Paul   77
Un détenu belge, Isidore Maréchal...   78
Cellules du premier étage, à Saint-Vincent-de-Paul   79
Le cheval   80
Porte Ouest, à Saint-Vincent-de-Paul   82
La buanderie... si les murs se mettaient à parler   85
Le parloir   90
Couteaux et petit revolver fabriqués artisanalement   95
Un détenu conduit devant l'administration   100
Strappe   101
Lunettes de feutre et morceau de bois   102
Tasse de métal   109
Chapelle de Saint-Vincent-de-Paul   110
Mannequin   111
Grappin   112
Tour de l'Est, lieu de l'évasion   113
Le sifflet du gardien   114
Cachot, à Saint-Vincent-de-Paul   116
Couloir du cachot   117
Couteau   125
Entrée de la prison de Bordeaux   133

Couteau au manche entouré d'une guenille 142
Cabaret 149
Menottes et chaîne de taille normale 187
Des chaînes encore plus grosses 188
De désespoir, Ti-Cul s'était tailladé le bras 192
Un couteau pour se défendre 195
Saint-Vincent-de-Paul avant la reconstruction 196
Des souvenirs qui hantent 206
Claudette et André, le jour de leur mariage 212
La boîte de transpiration 231
Le carcan 232
La punition de l'eau fut utilisée de 1855 à 1860 233
Ce livre est en fait une cachette... 236

Table des matières

Avant-propos   7
Introduction   11
Chapitre premier   Mon enfance   13
Chapitre II   Mon oncle Bonbon   19
Chapitre III   Le surhomme du coin   25
Chapitre IV   L'école de réforme   33
Chapitre V   Le monstre prenait forme   49
Chapitre VI   Le gars qui ne veut rien savoir   57
Chapitre VII   Le condamné à mort   63
Chapitre VIII   La série noire continue   69
Chapitre IX   Le monstre déchaîné   75
Chapitre X   À l'ombre du mur   87
Chapitre XI   Revanches   93
Chapitre XII   Temps d'évasion   109
Chapitre XIII   Des chiens dangereux   119
Chapitre XIV   Changement de décor   129
Chapitre XV   Sous le masque de la colère   139
Chapitre XVI   Le procès   151
Chapitre XVII   Le verdict   185
Chapitre XVIII   L'émeute   195
Chapitre XIX   Le criminel en liberté   205
Chapitre XX   À son apogée, la balance oscille   221
Chapitre XXI   Ô justice   237
Épilogue   Le rêve   241

Table des illustrations   243

Composition
en Helvetica, corps onze sur quinze,
et mise en page
Atelier graphique du Vermillon
Ottawa
Impression et reliure
Les Ateliers graphiques Marc Veilleux Inc.
Cap-Saint-Ignace
Séparations de couleurs
Hadwen Graphics
Ottawa
Achevé d'imprimer
en mars mil neuf cent quatre-vingt-onze
sur les presses des
Ateliers graphiques Marc Veilleux Inc.
pour les Éditions du Vermillon

ISBN 0-919925-57-X
Imprimé au Canada